Kurt Tepperwein

HerzErkenntnisse

Kurt Tepperwein

HerzErkenntnisse

Das Begleitbuch zur CD

Antworten aus der
Weisheit des Selbst

Originalausgabe 2013
© 2013 Integral Verlag, München,
in der Verlagsgruppe Random House GmbH

Sonderauflage 2017 © by IAW Anstalt, Vaduz
www.iadw.com

ISBN: 978-3-7460-0923-0

Die Deutsche Nationalbibliothek verzeichnet diese Publikation
in der Deutschen Nationalbibliografie; detaillierte bibliografische Daten
sind im Internet über www.dnb.de abrufbar.

Umschlaggestaltung: www.layART.li
Umschlagmotiv: ©fotolia.com/Elena Hölzer

Herstellung und Verlag: BoD – Books on Demand, Norderstedt
Made in Germany

Internationale Akademie der Wissenschaften (IAW) Anstalt, FL-9490 Vaduz
Tel. +423/233 12 12, Fax +423/233 12 14

Inhalt

Einstimmung

Die Praxis

Ausblick

Man muss Geduld haben,
gegen das Ungelöste im Herzen,
und versuchen, die Fragen selber lieb zu haben,
wie verschlossene Stuben, und wie Bücher,
die in einer sehr fremden Sprache geschrieben sind.
Es handelt sich darum, alles zu leben.
Wenn man die Fragen lebt,
lebt man vielleicht allmählich,
ohne es zu merken,
eines fremden Tages
in die Antwort hinein.

RAINER MARIA RILKE

in einem Brief an Franz Xaver Kappus am 16. Juli 1903

CD zum Buch

Dieses Buch ist ein Begleitbuch zur gleichnamigen CD, die in den gängigen Internetportalen als Download erworben werden kann.

Die Beschreibungen im Buch sind auf eine CD ausgerichtet. Wir empfehlen Ihnen deshalb, die erworbene Download-Datei auf CD zu brennen, um sie optimal zu nutzen. Natürlich können Sie den Download auch direkt verwenden.

Ich wünsche Ihnen viel Freude bei dieser
Spezial-Kombination:
LESEN, HÖREN und GENIESSEN!

Kurt Tepperwein

HerzErkenntnisse

Antworten aus der
Weisheit des Selbst

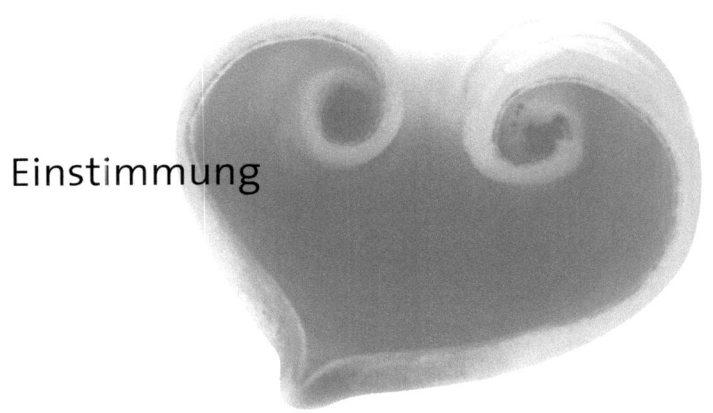

Einstimmung

Liebe Leserin, lieber Leser!

Soll ich Ihnen das größte Geheimnis, die tiefste Herz-Erkenntnis, die Antwort auf alle Fragen und die Lösung aller Schwierigkeiten schon gleich zu Beginn dieses Buches verraten? Lesen Sie dann trotzdem noch weiter? Ja? Dann verrate ich Ihnen dieses Geheimnis, das so einfach ist, jetzt und hier:

Sie haben alles bereits in sich.
Denn Sie *sind* dieses Alles.

Auf jede Frage, die Sie haben, ist die Antwort bereits in Ihnen vorhanden. Für jedes sogenannte Problem, das Ihnen begegnet, gibt es bereits die passende Lösung – denn sonst würde diese Frage oder dieses Problem gar nicht erst bei Ihnen auftauchen. Die Schöpfung ist großartig und hat alles in Ihnen angelegt. Sie brauchen den Schatz nur noch zu bergen! Schauen Sie doch einmal ganz genau hin! Ohne Kompromisse, ohne Ausreden – lauschen Sie nach innen, achten und respektieren Sie das, was Sie da hören. Respektieren Sie es und handeln Sie danach! Dann gelingt Ihr Leben.

Das ist das größte Geheimnis überhaupt!

Handeln Sie nach dem, was Ihnen Ihr wahres Selbst sagt. Nicht nach dem, was andere Ihnen raten. Verbiegen Sie sich nicht mehr, sondern leben Sie Ihre Wahrheit, Ihre Wirklichkeit, Ihre Antwort auf alle Fragen, Ihre Lösung für alle Lebenslagen!

Seien Sie Sie selbst!

Das wünscht Ihnen von Herzen

Ihr
Kurt Tepperwein

Einladung zu unserer gemeinsamen Reise

Dieses Buch ist eine Einladung, sich zusammen mit mir auf eine Reise zu begeben, und ich heiße Sie dazu herzlich willkommen. Es ist eine Reise ins Zentrum Ihres wahren Seins, dorthin, wo Sie Antworten auf jede Frage finden.

Bevor wir uns auf diese gemeinsame Reise begeben, ist es wichtig, drei Dinge vorab zu klären:

1. Die auf unserer Reise angesprochenen Stationen sind nicht nur bildlich gemeint.

Natürlich ist es möglich, die Zeilen des Buches einfach nur zu lesen, die geführte Meditation auf der CD einfach nur zu hören – ja, es ist möglich, alles einfach nur zu konsumieren. Aber so ist unsere Reise nicht gemeint, und so ist sie nicht sinnvoll! Vollziehen Sie, praktizieren Sie, machen Sie Ihre eigenen Erfahrungen damit und ziehen Sie Ihre Schlüsse und Erkenntnisse daraus, die Sie dann wiederum für Ihre nächsten Reisen und auch im ganz normalen Alltag – sozusagen für jede Lebenslage – nutzen können.

Lassen Sie sich mit allen Sinnen auf das Abenteuer dieser Reise ein, und Sie werden den größten Nutzen daraus ziehen. Nehmen Sie sich den Raum, die Fragen im Praxisteil nicht nur zu lesen und schnell (und damit oberflächlich) in Gedanken zu beantworten, sondern schreiben Sie sich Ihre Ideen dazu wirklich auf. Schenken Sie sich außerdem die Zeit, sich unmittelbar nach einer jeden Fantasiereise Ihre Erkenntnisse zu notieren – schieben Sie es auf keinen Fall »auf später« auf.

Das meine ich, wenn ich Sie bitte, diese gemeinsame Reise zu »vollziehen«. Erst so erschließen sich immer neue Pfade in unserer inneren Landschaft. So können wir das Leben wirklich erfahren und spüren – und nicht nur darüber lesen.

2. Wenn wir uns auf diese Reise einlassen, ist alles möglich und nichts vorhersehbar.

Je tiefer wir uns auf uns selbst, auf unser wahres Selbst einlassen und damit alles zulassen, desto mehr legen wir dieses Selbst frei. Niemand kann im Voraus wissen, welche Schichten dabei zum Vorschein kommen und zu welchen Handlungen uns dies inspiriert. In unserem innersten Raum der Erkenntnis werden wir auf die Wahrheit stoßen, und es kann sein, dass dadurch einige scheinbar feste Mauern und Säulen unseres Lebens fallen.

Wenn wir uns also auf diese gemeinsame Reise machen, ist echte Veränderung möglich und sogar unvermeidbar. Eine Veränderung, die aber völlig unvorhersehbar ist, denn Verstand und innere Erkenntnis können komplett konträr sein. Es braucht also Mut, um die Reise zu starten, ebenso wie dafür, ein stimmiges Leben zu führen. Aber glauben Sie mir, es lohnt sich, denn:

3. Kein Schritt der Reise ist umsonst.

Seien wir mal ehrlich: Ihre Reise hat doch längst begonnen, Sie sind schon mittendrin. Sonst hätten Sie dieses Buch gar nicht gekauft. Hat man erst einmal den Geschmack bekommen, dass das Leben mehr zu bieten hat als die bekannte Alltagsroutine, dann gibt es kein Zurück mehr. Die Sehnsucht in unserem Herzen lässt uns gar keine andere Wahl. Wissen wir um die Möglichkeit, den wahren Sinn unseres Lebens zu erkennen, haben wir Zugang zu allen Antworten unseres Seins. Und dann erkennen wir, dass es nur noch vorwärts geht. Was einmal erfahren wurde, bleibt unwiderruflich haften. Wir haben das Potenzial in uns, diese Reise zu unternehmen, ob der Weg nun leicht oder beschwerlich ist. Die Weisheit, die wir daraus schöpfen, erfüllt unsere Seele mit dem Wissen darum, wer und was wir sind. Wir erkennen unser wahres Selbst – und sind angekommen.

Fragen und Antworten

Wie oft in Ihrem Leben haben Sie Berater, Therapeuten oder gute Freunde aufgesucht, weil Sie nicht mehr weiterwussten, weil Sie einen Rat brauchten und endlich eine Antwort auf diese eine wichtige Frage wollten oder eine Lösung zu diesem einen dringenden Problem? Wie oft schon haben Sie sich Tarotkarten legen lassen, einen Astrologen befragt oder sich eine Botschaft channeln lassen?

Sehr oft? Häufig? Manchmal? Ab und zu? Ich glaube, jeder von uns hat sich zumindest gedanklich schon einmal mit Hellsehen, Prophezeiungen und Zukunftsdeutungen beschäftigt. Damit sind Sie in bester Gesellschaft, denn das Geschäft mit der Wahrsagerei boomt – und das seit Menschengedenken! Schon immer versuchten wir Menschen in schwierigen Situationen, Antworten und Lösungen zu finden, indem wir uns an jemanden wandten, der ein Orakel – in welcher Form auch immer – befragte. Ob aus Hühnerknochen, Kaffeesatz oder einer Kristallkugel, bei den »wirklich wichtigen Fragen« vertrau(t)en wir lieber einem anderen als uns selbst. Doch wie oft haben diese Menschen nur das bestätigt, was wir eigentlich schon lange selbst wussten oder nur nicht zu denken wagten?

Natürlich ist es schön und bereichernd, mit anderen in Kontakt zu sein, zu kommunizieren, sich auszutauschen und sich etwas bestätigen zu lassen, aber im Grunde liegt alles Wissen, alle Weisheit in uns selbst. Wie sagt man so schön? »Im Grunde meines Herzens habe ich das gewusst!« Erst einmal erscheint es uns jedoch viel einfacher, wenn »die Karten sagen«, dass Karlheinz nicht mehr zu mir passt, als wenn ich, Lieschen Müller, das behaupte und mich deshalb von ihm trenne. Denn für das, was in den Karten steht, kann ich ja nichts und muss deshalb auch keine Verantwortung dafür übernehmen.

Verantwortung abzugeben ist viel einfacher, als Verantwortung zu übernehmen und mit den Konsequenzen zu leben. Doch solange wir uns freiwillig in diese Opferrolle hineinbegeben – »Da kann man nichts machen, das liegt daran, dass bei mir der Saturn am Aszendenten liegt und außerdem hab ich bei der letzten Tarotsitzung den Turm gezogen, da *muss* ich jetzt so handeln!« –, drehen wir uns immer weiter im Kreis und geben unsere ganze Kraft, und damit unser Leben, aus der Hand.

Warum übergeben Sie Ihr Schicksal (und Ihr Geld) leichtgläubig anderen? Kein anderer Mensch hat einen besseren Draht zu Ihrem Innenleben als Sie selbst. Es gibt viele Methoden und es ist wirklich einfach, dorthin zu gelangen, mit sich selbst in Kontakt zu kommen, mit dem Selbst in Kontakt zu treten und der eigenen Intuition und Wahrnehmung zu vertrauen.

Dieses kleine Praxisbüchlein wird Ihnen zusammen mit der CD einen Weg aufzeigen, indem es Sie über eine angeleitete Meditation, eine Fantasiereise, zum Zentrum Ihres wahren Selbst führt. Es ist somit vergleichbar mit dem wohl berühmtesten aller Orakel, dem Orakel von Delphi, das den Fragenden aufforderte, selbst zu denken, sich selbst zu entscheiden und letztendlich selbst die Antwort auf seine Frage zu finden. Es nahm ihm weder die Erkenntnis noch die Entscheidung ab, sondern zeigte ihm den Weg dorthin – und ließ ihn diesen Weg auch gehen. Das bedeutet, die Verantwortung blieb und bleibt immer beim Fragenden – also bei Ihnen selbst.

Mit der geführten Meditation, die ich auf der erhältlichen CD anleite, haben Sie den Schlüssel zu Ihrem ganz persönlichen Orakel, und damit zu Ihren Antworten aus der Tiefe des Herzens, in der Hand. Ich begleite Sie auf dem königlichen Weg der Erkenntnis zu Ihrem inneren HerzRaum in der Halle des Lernens, wo Sie Antwort auf jede Ihrer Fragen erhalten werden. Es ist Ihr Selbst, das antwortet, und dem Sie immer mehr vertrauen werden, je öfter Sie darin eintauchen. In einem solchen Bewusstsein hören Sie auf, passiver Teilnehmer am Leben zu sein, und wissen, dass Sie aktiv Ihren Teil dazu beitragen. Sie übernehmen Verantwortung für das Ganze und erkennen, dass alle Fragen und alle Antworten darauf gleich gültig sind.

Lauschen Sie in sich hinein, hören, spüren, sehen Sie die Lösung, erkennen Sie die Zeichen des Lebens und handeln Sie danach! Wir sind eingebunden in eine kosmische Ordnung, nicht getrennt von allem, was ist, sondern in Einheit damit. Und deshalb wird uns das Universum (oder wie auch immer Sie das große Ganze nennen) Hinweise geben.

Bestimmt haben Sie das schon erlebt: die sogenannten Zufälle, die sich der Verstand nicht erklären kann. Sie denken beispielsweise gerade an einen lieben Freund – wie es ihm wohl geht? – und kurz darauf klingelt Ihr Telefon und er ist dran … Auf dem Heimweg von der Arbeit überlegen Sie, was Sie am Wochenende für Ihre Familie kochen sollen, und genau in diesem Augenblick sehen Sie im Schaufenster einer Buchhandlung ein Kochbuch mit leckeren Pastarezepten … Glauben Sie mir, das Leben sendet uns laufend Signale. Wir erkennen Sie nur oft nicht, weil unser Verstand ununterbrochen und lautstark in Aktion ist. Lernen Sie, still zu werden, lernen Sie, still zu sein, auch wenn der Alltag noch so lautstark ist, und Sie werden immer mehr die äußeren Zeichen erkennen und die innere Stimme wahrnehmen können.

In dem Buch *Der Tigerbericht* heißt es: »Wenn du vollkommen still wirst, hörst du alles!« Probieren Sie das doch jetzt gleich einmal aus, bevor Sie weiterlesen. Gönnen Sie sich eine kurze Pause und gehen Sie jetzt einmal bewusst in die Stille. Schließen Sie für einen Moment die Augen, atmen Sie tief durch und denken Sie dabei nur an Ihre Atmung – ich atme ein, ich atme aus, ich atme ein, ich atme aus … ein … aus … ein … aus …

Hören Sie die Stille?

Und mit dieser Stille in uns wenden wir uns jetzt dem nächsten Thema zu, bei dem es ganz hilfreich ist, wenn der Verstand nicht ganz so laut ist – denn möglicherweise wird er gar nicht verstehen, worum es dabei geht.

Selbstbewusstsein –
sich seines Selbst bewusst sein

Mit diesem Praxisbuch und der erhältlichen CD gebe ich Ihnen ein geistiges, alltagstaugliches Werkzeug in die Hand und zeige Ihnen den optimalen Gebrauch desselben. Bei regelmäßiger Anwendung werden Sie innerhalb kürzester Zeit lernen, auf alle Fragen, die das Leben Ihnen stellt, die passenden Antworten in sich selbst zu finden.

Mein größtes Ziel aber ist es, Sie auf die wichtigste Entdeckung vorzubereiten, die man in einem Leben machen kann – nämlich sich selbst zu entdecken, das wahre Selbst zu entdecken. Was Sie da finden werden, ist mehr als das ganze Universum. Sie finden den Schöpfer des Universums, die Ursache für alles, was ist und was sein könnte. Sie finden das grenzenlose Potenzial der Vollkommenheit, mit einem Wort: sich selbst. Es ist eine Entdeckungsreise in Ihr Bewusstsein.

Im Thomas-Evangelium gibt es eine interessante Stelle, die darauf hinweist. Da heißt es sinngemäß: Wer da sucht, der soll nicht aufhören zu suchen, bis er gefunden hat. Wenn er gefunden hat, wird er staunen, und sein Staunen wird sich wandeln zu Begeisterung, und begeistert wird er herrschen über das All.

Sobald Sie immerwährend in diesem Bewusstsein sind – in Ihrem wahren Selbst-Bewusstsein –, wird es auch nicht mehr nötig sein, eine Fantasiereise oder geführte Meditation durchzuführen, um Lösungen zu finden. Vorerst aber ist es sehr hilfreich. Das ist so ähnlich wie beim Erlernen des Radfahrens: Am Anfang ist es durchaus nützlich, Stützräder zu montieren. Doch irgendwann hat man dann die Sicherheit erworben und fährt frei und schnell auf zwei Rädern durch die Lande!

Suchen und finden

Sicher hatten Sie einen Grund, dieses Buch zu kaufen. Selbst wenn Sie vordergründig »einfach nur so« im Internet oder einer Buchhandlung gestöbert haben, Sie haben es gekauft, weil Sie eine bestimmte Absicht hatten, und bestimmt nicht zufällig. Ganz gleich, welchen Grund Ihnen Ihr Verstand gegeben haben mag, Sie haben es gekauft, weil irgendetwas in Ihnen wusste, dass Sie sich damit an sich selbst, an Ihr wahres Selbst erinnern werden.

Irgendwann in Ihrem Leben haben Sie sich auf die Suche gemacht und vermutlich haben Sie schon in einigen (oder gar vielen) Richtungen gesucht und geforscht. In den meisten Fällen beginnt man mit dieser Suche im Außen. Als Kind wünscht man sich ein schönes Spielzeug, später in der Schule eine gute Note, einen soliden Berufsabschluss, ein Diplom, einen Titel, eine bestimmte Position – jeder sucht die Erfüllung erst einmal woanders. Wenn man krank ist, erscheint es die größte Erfüllung, wieder gesund zu sein. Der andere, der gesund ist, sucht die Erfüllung vielleicht in einem guten Aussehen oder in der Partnerschaft, im beruflichen Erfolg oder in wirtschaftlicher Unabhängigkeit. In Esoterikkreisen sucht man Erfüllung gern bei einem spirituellen Meister oder der Erlangung eines bestimmten Einweihungsgrades. Wie schon gesagt: Jeder sucht Erfüllung – und jeder sucht sie woanders. Doch irgendwann merkt man, dass es diese Erfüllung im Außen nicht geben kann.

Der persische Mystiker Rumi hat das bereits im 13. Jahrhundert sehr schön gesagt: Ein Leben lang bin ich durch fremde Länder gezogen, auf der Suche nach Gott. Ohne ihm je zu begegnen. Jetzt, als ich alt und müde nach Hause zurückkehrte, da stand Gott vor der Tür meines Herzens, wo er seit einer Ewigkeit auf mich gewartet hat.

Unsere gemeinsame Reise wird Sie mit dieser ureigensten Realität in Kontakt bringen. Auch wenn Worte dafür nur eine begrenzte Möglichkeit darstellen, denn sie werden Sie nur hinführen und Ihnen einen Geschmack davon geben können. Deshalb kommt es auf Sie an, liegt es ganz an Ihnen, wie weit Sie *vollziehen* und geschehen lassen. Wie weit Sie sich den eigenen grenzenlosen Möglichkeiten öffnen und Ihr wahres Wesen zulassen. Also, warten Sie auf nichts mehr! Öffnen Sie die Tore Ihrer Seele. Lassen Sie die In-form-ation der Worte in sich wirken. Fangen Sie an, sich zu er-innern.

Sie sind der Schöpfer dieses Universums. Sie sind das *eine* Bewusstsein, aus dem alles entstanden ist. Alles findet mit Freude und mühelos statt. Sein ist vollkommen mühelos! Wann immer Sie sich Mühe geben müssen: Vergessen Sie es! Das bringt Sie nicht weiter. Das bringt Sie nicht wirklich sich selbst näher. Sich selbst zu entdecken ist vollkommen mühelos. Es ist nur ein Geschehenlassen, ein Sich-Erinnern, Sich-Öffnen. Sie lassen das Energiepotenzial der Information in sich einsinken. Und dann erleben Sie, was geschieht; erfahren, wie Sie weiter werden, tiefer, immer mehr Raum werden und wie Sie sich erkennen. Erinnern Sie sich einfach an Ihr wahres Selbst, an das ICH-BIN-Bewusstsein.

ICH BIN

Was aber bedeutet ICH BIN? ICH BIN bedeutet, dass es nie eine Zeit gegeben hat, in der ich nicht war. Die Welt wird vergehen und ICH BIN ist immer noch. ICH BIN, ich war immer, ich werde immer sein.

Vollziehen Sie das jetzt doch bitte einmal: ICH BIN EWIG. ICH BIN.

Nehmen Sie es wahr, spüren Sie es, atmen Sie es – und kommen Sie in einen Energiefluss, in einen Einklang mit Ihrem wahren Wesen. ICH BIN EWIG. ICH BIN. Und dann spüren Sie auch dieses wahre Wesen, diese ewige Gegenwart und Vollkommenheit des ICH BIN.

ICH BIN *ist* – ist vollkommen, verändert sich nicht. Um Veränderung zu erleben, geht dieses ewige Sein auf die Ebene der Illusion. Dort wird scheinbar Veränderung, das heißt Leben, möglich. Die Vollkommenheit des Unvollkommenen.

Kann es sein, dass Ihr Verstand jetzt aussteigt und sagt: »Das ist mir zu hoch! Da komm ich nicht mehr mit«?

Wunderbar! Endlich kapituliert Ihr Verstand, und das ist gut so! Warum? Wir haben die Angewohnheit, dass wir die Lösung unserer Alltagsaufgaben und sogenannten Probleme mit dem Verstand zu finden versuchen. Das ist für uns ganz normal, denn wir haben es nicht anders gelernt. In unserer rational und logisch ausgerichteten westlichen Welt werden wir von klein auf darauf getrimmt nachzudenken. Vielleicht wurde Ihnen auch immer wieder gesagt, vor allem, wenn Sie einen »Fehler« machten oder etwas entgegen der Norm unternahmen: »Benutz doch mal deinen Verstand!« Oder, noch drastischer: »… deinen gesunden Menschenverstand!« Womit subtil ausgedrückt wurde, dass alles andere weder gesund noch menschlich sei.

Dieser »gesunde Menschenverstand« ist jedoch ein sehr begrenztes Werkzeug, denn – wie Sie sicher schon oft festgestellt haben – er kann auf die wirklich wichtigen Fragen keine brauchbaren Antworten liefern. Wenn Sie sich fragen: Ist das der richtige Beruf für mich, der rechte Partner?, dann hat der Verstand nur Argumente. Partnerschaft und Berufswahl sind aber keine Rechenaufgaben.

Für die Lösung solch wichtiger Fragen steht uns ein viel effektiveres Werkzeug zur Verfügung, nämlich dann, wenn wir ganz bei Bewusstsein sind, in unserem ICH-BIN-Bewusstsein, im Zentrum unseres wahren Selbst (wie es Ihnen gelingt, leicht dorthin zu gelangen, erfahren Sie auf unserer Reise noch genauer). Erinnern Sie sich: Sie sind nicht Ihr Körper, nicht der Verstand und nicht das Ego, auch nicht Ihr Gemüt oder Ihr Unterbewusstsein. Weder Ihre Vergangenheit noch Ihre Persönlichkeit. Das alles sind nur Aspekte Ihres Seins. Sie sind vollkommenes Bewusstsein.

Und in diesem Zustand können Sie sich die Antworten und Lösungen auf alle Fragen, Herausforderungen und Problem einfach ein-fallen lassen. Egal vor welcher Aufgabe Sie stehen – Sie lassen sich die Lösung zu-fallen. Und dazu gehört, dass Sie nicht mehr der Versuchung nachgeben, nachzudenken. Denn was passiert beim Nachdenken? Das Schlimmste, was passiert: Das Bewusstsein wird abgeschaltet und der Verstand eingeschaltet. Sie schalten vom allumfassenden Sein auf die begrenzte Sicht des Verstandes um. Oder: von der rechten Gehirnhälfte auf die linke.

Das können Sie natürlich machen, wenn Sie wollen – der Verstand ist ja ein begrenztes, aber durchaus auch ein brauchbares Werkzeug. Wenn Sie beispielsweise zu spät nach Hause kommen und dafür eine Ausrede brauchen, wird Ihnen Ihr Bewusstsein wahrscheinlich keine liefern, Ihr Verstand dagegen bringt Ihnen vielleicht drei mögliche Vorschläge. Oder wenn Sie Ihre Steuererklärung ausfüllen müssen; das Bewusstsein interessiert sich dafür nicht sonderlich, der Verstand aber schafft das schon. Es gibt Dinge, für die der Verstand gut ist. Oder wenn Sie eine Rede auszuformulieren haben, dann kann Ihnen das Bewusstsein sagen, *was* zu sagen ist, der Verstand sagt Ihnen, *wie* Sie es formulieren. Der Verstand hat durchaus seine Aufgaben, seine Vorteile – wunderbar. Für eines sollten Sie ihn allerdings nicht mehr nutzen: um irgendwelche wichtigen Herausforderungen des Lebens zu lösen.

Ich persönlich nutze dafür mein ICH-BIN-Bewusstsein im Raum der Erkenntnis. Dort, wo Denken nicht stattfindet und wo alles ohne Nachdenken gelöst wird, wird mir die Antwort ein-fallen, und dann bin ich gespannt, was der Verstand dazu meint. Wie gesagt: Ich löse nie etwas durch Nachdenken, weil das einfach der weitaus schlechtere Weg ist. Aber ich denke dann gern über die Lösung nach. Und dabei habe ich folgende Erfahrung gemacht: Wenn ich den Verstand einschalte, um über die Lösung nachzudenken, können sich zweierlei Bewertungsmaßstäbe ergeben. Zum einen kann es sein, dass der Verstand denkt: »Genial! Genial einfach – da hätte ich auch drauf kommen können!« Oder aber der Verstand sagt: »Das ist doch überhaupt keine Lösung! Das ist in dieser Situation nicht brauchbar, so etwas Banales kann nicht stimmig sein.« Lassen Sie sich bei einer solchen Aussage nicht verunsichern – der Verstand sieht immer nur das, was gerade ist. Das Bewusstsein jedoch überblickt das größere Ganze.

Ich gebe Ihnen einmal ein Beispiel dafür, das mir eine Kursteilnehmerin vor Kurzem erzählte. Freunde, die sie schon lange nicht mehr gesehen hatte, wollten nach Feierabend zu Besuch kommen, und natürlich wollte sie alles perfekt vorbereiten und gestalten. Sie wirbelte leicht gestresst durch das Haus, räumte auf und putzte – und dabei stolperte sie in ihrer Hektik über das Kabel des Staubsaugers und verknackste sich den Fuß. Der anstehende Einkauf fürs Festessen war nicht mehr machbar. Vollkommen in Panik überlegte sie sich fieberhaft alles Mögliche (und Unmögliche – wie sie sagte), doch wen sie auch anrief – sie erreichte niemanden. Völlig entnervt setzte sie sich aufs Sofa, legte das Bein hoch, atmete ein paarmal tief durch und erinnerte sich an ihr wahres Selbst. Und dieses »sagte« ihr nur: »Warte ab! Alles regelt sich von allein.« Natürlich legte ihr Verstand sofort ein Veto ein: »Wie soll ich jetzt abwarten, ich brauche die Lebensmittel, damit ich unser Abendessen zubereiten kann.« Nun, um es kurz zu machen: Um 18 Uhr erhielt sie einen Anruf von ihrer Freundin, die sagte, dass sie den Besuch leider absagen müsse – eines der Kinder liege mit hohem Fieber im Bett, und sie könne die Kleine unmöglich allein lassen … Sie sehen also, wie begrenzt die Sicht unseres Verstandes in solchen Situationen oft ist und wie weise unser Bewusstsein.

Wir Menschen besitzen nun einmal zwei Gehirnhälften, die für unterschiedliche Gebiete spezialisiert sind. Die rechte steht für räumliche Orientierung, Kreativität, Gefühle und das große Ganze – sie arbeitet visuell. Die linke hingegen ist intellektuell, analytisch, abstrakt und funktioniert auditiv. Ich habe erkannt, dass es sehr vorteilhaft ist, wenn beide Hemisphären harmonisch zusammenarbeiten. Nur so kann ich die Welt und das Sein in all seinen Facetten erleben und genießen. Und nur so kann ich alle Aufgaben in der für mich stimmigsten Art lösen.

Wiederholen wir noch einmal die wichtigsten Punkte:

- Kein anderer Mensch hat einen besseren Draht zu Ihrem Innenleben als Sie selbst.
- Im Raum der Erkenntnis finden Sie die Antwort auf jede Ihrer Fragen, die Lösung eines jeden Problems.
- So übernehmen Sie Verantwortung für das Ganze und erkennen, dass alle Fragen und alle Antworten darauf gleich gültig sind. Sie erkennen die Zeichen des Lebens und handeln danach.
- Das größte Ziel ist es, sich auf die wichtigste Entdeckung vorzubereiten, die man in einem Leben machen kann – nämlich sich selbst zu entdecken, das wahre Selbst zu entdecken.
- Sie er-innern sich einfach an Ihr wahres Selbst, an das ICH-BIN-Bewusstsein.
- Der Verstand ist zur Lösung von Problemen das denkbar schlechteste Werkzeug, er hat andere Aufgaben.

- Im ICH-BIN-Bewusstsein werden Ihnen alle Antworten und Lösungen einfach ein-fallen.
- Arbeiten rechte und linke Gehirnhemisphäre harmonisch und ausgewogen zusammen, führen Sie ein stimmiges Leben.

Mit diesem Wissen und der darin enthaltenen Weisheit ausgestattet, sollten Sie nun noch einmal in die Stille gehen – vielleicht wieder mit der einfachen Atemübung, die ich Ihnen schon vorgestellt habe.

Pausen sind wichtig – auch beim Lesen!

Schließen Sie also bitte für einen Moment die Augen, atmen Sie tief durch und denken Sie dabei nur an Ihre Atmung – ich atme ein, ich atme aus, ich atme ein, ich atme aus … ein … aus … ein … aus …

Und mit dieser Stille in uns kommen wir nun zum praktischen Teil, in dem ich Ihnen die auf der CD zu hörende geführte Meditation ausführlich vorstelle und Ihnen erkläre, wie Sie das Buch und die CD nutzen können. Bitte lesen Sie diese wichtigen Informationen genau, damit Sie beim Praktizieren der Fantasiereise den größtmöglichen Erfolg erzielen und den Inhalt in Ihrem individuellen Lebensalltag umsetzen können.

.

Fühlst du zu Großem dich berufen,
dann fange mit dem Kleinen an;
kein Mensch erreicht die letzten Stufen,
der nicht zuvor die ersten nahm.
Ahnst du zu Höh'rem dich geboren,
dann lausch nach innen, werde still;
nicht im Gerede kluger Toren
erfährst du, was dein Schöpfer will.
Lässt dich der Ew'ge dann erbeben,
erkennen, dass du göttlich bist;
erfühlst du, was es heißt zu leben,
und weißt, was wahre Größe ist.

GANO YAH

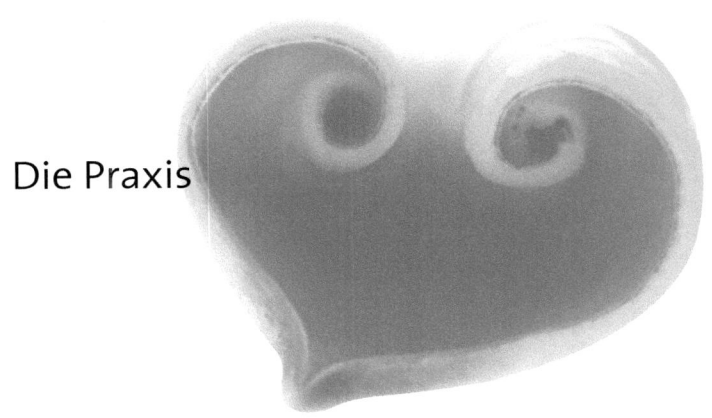

Die Praxis

Ausgangspunkt und Basis dieses Buches ist die erhältliche CD. Darauf hören Sie zuerst eine von mir angeleitete Meditation, die der Künstler Sayama (Richard Hiebinger) harmonisch mit Klängen untermalt, und danach ein Musikstück, das ebenfalls von Sayama komponiert wurde.

Oft können wir mit den Klängen einfühlsamer Musik besser entspannen und loslassen. Auf ihren Schwingen ist es möglich, in die tiefsten Tiefen und höchsten Höhen unseres Selbst einzutauchen. Wie heißt es so schön: Mit Musik geht alles besser! Und die heilsame Musik von Sayama hilft uns, dass wir uns an unser wahres Selbst erinnern.

Hazrat Inayat Khan drückt dies wunderbar aus: Das Wunder der Musik liegt darin, dass sie das Herz des Menschen berührt – jenseits des Denkens. Sie kann die Kluft zwischen der Form und dem Formlosen überbrücken; sie kann durch ihre Schwingung das, was sich getrennt hat, wieder verbinden.

Bei Teil 1 der CD (das entspricht Teil 1 bis 9), der angeleiteten Meditation, unterstützt die sanfte Musik die gesprochenen Worte optimal. Dank des gefühlvollen Klangteppichs aus Klangschalen, Gongs und Sphärenklängen gelingt es Ihnen als Zuhörer leicht, sich auf den Inhalt der Meditationsreise einzulassen. In Teil 2 der CD (Track 10) hören Sie ein ähnliches Musikstück, dem Naturgeräusche und harmonische Flötenmelodien hinzugefügt sind. Dieses Stück können Sie dafür nutzen, die Meditation zu vertiefen oder sich eine eigene Meditation zusammenzustellen (genauere Anleitungen dazu ab Seite 97).

Zunächst stelle ich Ihnen nun den kompletten Text der Meditation vor, danach erläutere ich Ihnen die einzelnen Stationen genau und im Anschluss daran zeige ich Ihnen, wie Sie die Meditation konkret in Ihrem Alltag einsetzen können, sodass sie eine Hilfe für wirklich alle Lebenslagen wird.

Die geführte Meditation – Text

Es ist hilfreich, wenn Sie sich zunächst den gesamten Text, Track 1 bis 9, auf der CD anhören und gleichzeitig mitlesen. So lernen Sie ihn kennen, nehmen ihn bewusst und mit allen Sinnen wahr und in sich auf.

CD Track 1

Ich mache es mir jetzt einmal ganz bequem, schließe meine Augen und sinke in mich hinein.
Ich beobachte meinen Atem. Atme ganz ruhig und tief, sinke in meine Mitte.

Ich sinke noch tiefer in mich hinein und sinke in die Farbe Rot.
Ich sinke noch tiefer und sinke in die Farbe Orange.
Ich sinke noch tiefer und sinke in die Farbe Gelb.
Ich sinke jetzt noch tiefer und sinke in die Farbe Grün.
Ich sinke noch tiefer und sinke in Blau.
Ich sinke noch tiefer und sinke in Lila.
Ich sinke noch tiefer und sinke in Violett.
Ich sinke noch einmal tiefer und sinke in ein wunderbar strahlendes Licht.

Ich bin jetzt in dem Licht meines wahren Wesens, sehe vor mir eine Wiese, fühle mich ganz wohl und geborgen.

Erkenne in der Nähe ein Wasser. Ich gehe hin, ziehe mich aus und gehe ganz hinein in dieses Wasser, das mich klärt und reinigt.

Erfrischt und geklärt steige ich wieder aus dem Bad, trockne mich ab und hülle mich in ein neues Gewand innerer Ruhe und Gelassenheit.

CD Track 2

Ganz in der Nähe hat es einen Berg. Ich gehe hin zu diesem Berg und steige auf ihn hinauf. Ich sehe jetzt den Gipfel vor mir im Licht und gehe ganz hinein in dieses Licht.

Ich bin jetzt auf dem Gipfel des Berges im Licht angekommen und spüre, wie ich eins werde mit dem Licht. Ich bin eins mit dem Licht.

In diesem Licht sehe ich jetzt vor mir ein lichtvolles tempelartiges Gebäude – es ist die Halle des Lernens. Ganz bewusst und langsam nähere ich mich jetzt der Halle des Lernens.

Ich stehe jetzt vor ihr und erkenne, dass sieben Stufen zum Eingang führen.

Ich lasse noch einmal das lichtvolle Gebäude auf mich wirken und setze jetzt meinen Fuß auf die 1. Stufe. In diesem Augenblick spüre ich, wie alles von mir abfällt, was nicht mehr zu mir gehört, wie ich frei werde von allem, was war.

Jetzt gehe ich einen Schritt weiter und spüre, wie wohltuende Gelassenheit in mich einströmt, und weiß, alles ist gleich gültig. Und so lasse ich die Dinge so, wie sie sind. Ich lasse zu, was ist, und ruhe in vollkommener Gelassenheit.

Beim nächsten Schritt spüre ich, wie Frieden in mir einkehrt. Harmonie und Frieden erfüllen mein ganzes Sein. Und so genieße ich dankbar den Frieden, der mich erfüllt.

Ich mache jetzt noch einen Schritt und bin auf der 4. Stufe angekommen. Ich spüre, wie ich ab hier getragen werde. Spüre, dass ich immer getragen werde. Dass ich in der Geborgenheit leben kann, dass immer nur Sein Wille geschieht. Dass mir nur das widerfahren kann, was mir dient und hilft, was ich notwendig gemacht habe, und ich spüre die wunderbare Geborgenheit, die mich trägt.

Ich gehe noch eine Stufe höher und gehe damit in das Bewusstsein, wer ich wirklich bin, erkenne, dass alles eins ist. Dass es nichts gibt außer Gott. Dass ich ein individualisierter Teil Gottes bin, ebenso wie alles andere, was existiert. Ich spüre jetzt ganz bewusst die Einheit mit allem Sein, bin eins mit allem, eins mit mir, eins mit Gott.

Und in diesem Gefühl der Einheit gehe ich noch einen Schritt weiter und befinde mich auf der Stufe der Glückseligkeit. Aus tiefstem Herzen bejahe ich alles, was geschieht. Ich entscheide mich ganz bewusst für das Leben und spüre unendliche Glückseligkeit in mir. Meine Seele ist glücklich, zu sich selbst gefunden zu haben.

Glücklich und erfüllt steige ich jetzt die letzte Stufe empor und habe damit den Schritt in die Liebe getan. Nachdem ich losgelassen habe und im Hier und Jetzt lebe, nachdem Frieden und Gelassenheit mein ganzes Sein erfüllen und ich Geborgenheit und Glückseligkeit in mir erfahren habe, bin ich zur wahren Liebe erwacht. Spüre, wie diese Liebe mich durchdringt und erfüllt.
Und in dieser Liebe sehe ich mich jetzt einmal um.

CD Track 3

Ich stehe jetzt im Tor der Halle des Lernens. Alles ist lichtvoll und hell. Eine wunderbare Atmosphäre herrscht überall, es duftet nach Blumen und nach dem Paradies.
Ich fühle mich unsagbar wohl und gehe langsam und behutsam weiter und befinde mich jetzt im Inneren der Halle.

CD Track 4

Jetzt entdecke ich, dass es überall Türen hat. Rings um mich sind unendlich viele Türen. Und jede hat eine Aufschrift.

Da gibt es zum Beispiel die Tür: *Zu meiner Vergangenheit*. In dem Raum dahinter kann ich alles bereinigen, was hinter mir liegt, alles aus diesem Leben und aus allen früheren Leben.

Auf einer anderen Tür steht: *Tür zur Weisheit*. Wenn ich durch diese Tür gehe, befinde ich mich in einem erhobenen Bewusstsein, in dem ich alle Weisheiten erkennen kann. Dort hat es auch ein Weisheitsbuch, in dem ich nachschlagen kann und Antworten finden kann, zu allem, was mir wichtig ist.

Auf einer weiteren Tür steht: *Heilungsraum*. Wann immer ich mich nicht wohlfühle oder krank bin, kann ich durch diese Tür gehen. Dahinter ist ein vollständig eingerichteter Behandlungsraum mit geistigen Ärzten und Beratern. Dort kann ich in Gesprächen die Ursache meiner Krankheit erfahren und kann mich auch – falls notwendig – von den Ärzten dort geistig operieren lassen. Es hat in allen Räumen Berater und Weise, die mir zur Seite stehen, mir auf alles antworten, mir alles zeigen und mir bei allem helfen.

Auf einer anderen Tür steht: *Eingang zur Bildergalerie*. Dort sind alle Bilder ausgestellt, die ich in meinem Unterbewusstsein habe, alle Programme, nach denen ich mich unbewusst verhalte. Dort kann ich alte Bilder verbrennen, die überholt sind, oder sie gegen neue austauschen, nach dem letzten Stand meiner Erkenntnis. Ich kann aber auch mit ihrer Hilfe erkennen, wo ich noch nach alten Bildern und Verhaltensmustern lebe.

Es gibt noch eine Tür mit der Aufschrift: *Meine Berufung*. Dort finde ich meine wahre Lebensaufgabe. Wozu ich berufen bin. Ich erfahre dort auch, wie ich meine Berufung am besten erreiche und ausüben kann. Welche Voraussetzungen noch zu erfüllen sind und welcher Schritt jetzt zu tun ist.

Auf einer anderen Tür steht: *Der Sinn meines Lebens.* In diesem Raum erfahre ich, warum ich inkarniert bin, weshalb ich diese Zeit und diese Umstände gewählt habe und was ich mir für dieses Leben vorgenommen habe zu lernen.

Auf einer anderen Tür steht: *Meine Partnerschaft*. Dort erfahre ich, wer jetzt mein idealer Partner ist. Welche Aufgaben wir miteinander zu lösen haben und wie ich ein noch idealerer Partner werden kann. Ich kann dort auch erkennen, ob es noch andere Partner in diesem Leben gibt und ob vergangene Partnerschaften ganz gelöst sind.

Es gibt auch eine Tür mit der Aufschrift: *Meine Familie.* In diesem Raum erkenne ich, warum ich in dieser Familie bin. Welche Aufgabe ich dort habe und wie wir zueinander stehen. Aber auch, welche Rollen vielleicht schon hinter mir liegen, die ich loslassen sollte. Ich erfahre dort, was wir gemeinsam tun können und sollen.

So gibt es zu allen erdenklichen Bereichen des Lebens Türen, und ich weiß, dass ich noch oft hierherkomme, um immer mehr über mich zu erfahren. Um immer mehr ich selbst zu werden.

CD Track 5

In der Mitte der Halle hat es ein wunderschönes Bad, aber es ist nicht mit Wasser gefüllt, sondern es ist bis zum Rand gefüllt mit Licht.

Bevor ich durch eine der Türen gehen kann, muss ich zuerst in diesem wunderbaren Bad baden, denn ich kann nur gereinigt und geklärt in die dahinter liegenden Räume gelangen, sonst bleiben die Türen verschlossen.

So ziehe ich mich jetzt aus und steige behutsam in das Licht. Spüre, wie dieses Licht mich sogleich durchlichtet und erfüllt. Das Licht fließt durch jede Pore, strömt in jede Zelle, füllt mich ganz aus und spült alles heraus, was nicht mehr zu mir gehört. Ich erlebe, wie ich immer lichtvoller und leichter werde. Ich werde immer mehr Licht. Werde eins mit dem Licht. Ich bin eins mit dem Licht. Ich bin das Licht. Ich bin lichtvolles Bewusstsein.

Und als dieses Licht steige ich nun aus diesem wunderbaren Bad, schaue mich noch einmal um, um zu entscheiden, durch welche Tür ich gehe.

CD Track 6

Da hat es auch noch die Tür mit der Aufschrift: *Die Lösung meines jetzigen Problems.*

Und die Tür mit der Aufschrift: *Mein nächster Schritt.*

Oder die Tür: *Zum inneren Meister.*

Aber ich spüre, dass ich heute durch eine andere Tür gehen soll.

CD Track 7

Da entdecke ich eine Tür mit einer goldenen Aufschrift.

Diese Aufschrift verändert sich von Mal zu Mal. Dort steht drauf, was ich *jetzt* aufsuchen sollte. Und ich erkenne, was jetzt auf dieser Tür steht, und bin bereit einzutreten.

Mit geklärtem Bewusstsein öffne ich jetzt die Tür und trete ein.

Schaue mich um, mache mir bewusst: Wie ist der Raum eingerichtet, was hat es für Gegenstände oder Personen dort, was fällt mir besonders auf?

Ich weiß, dass ich jetzt jede Hilfe hier erhalte, um optimal mit dieser Situation umzugehen.

Begegne ich dort einem Menschen? Spreche ich mit ihm oder er zu mir? Oder gibt er mir etwas?

Oder finde ich in dem Raum einen Gegenstand, der mir hilft?

Oder liegt dort ein Buch, in dem ich nachlesen kann?

Ganz gleich, was geschieht, ganz gleich, was ich vorfinde, ich nehme dankbar alles an. Ich bin aus tiefstem Herzen dankbar für diese Erfahrung.

Ich weiß, dass ich wieder einen Schritt machen durfte auf dem königlichen Weg der Erkenntnis, auf dem Weg zu mir selbst.

CD Track 8

Langsam löse ich mich jetzt aus dieser Situation, erkenne, ich brauche diesen Ort gar nicht zu verlassen, denn die Halle des Lernens ist in mir. Ich selbst bin der lichtvolle Tempel, in dem Gott wohnt, mein wahres Selbst. Und so bleibe ich in diesem Bewusstsein, wer ich wirklich bin. Erkenne, dass ich alles in mir habe.

CD Track 9

Und so löse ich mich jetzt behutsam aus dieser Erfahrung und kehre zurück ins Hier und Jetzt. Ich spüre meinen Körper und den Raum. Bin wieder ganz bewusst im Hier und Jetzt.

Wann immer ich bereit bin, öffne ich die Augen, gestatte meinem Körper, sich frei zu bewegen, aber bleibe in diesem Bewusstsein und bin ganz bewusst im Hier und Jetzt.

Aber ich bin hier als der, der ich wirklich bin – als ich selbst.

Sie haben nun einmal die gesamte Meditation durchlaufen und dabei wahrgenommen, dass ich Sie über unterschiedliche Stationen zur Halle des Lernens, Ihrem Raum der Erkenntnis, begleite. Dort stelle ich Ihnen verschiedene Türen vor, die zu einzelnen Lebensthemen führen. Dies dient zunächst nur einem ersten Kennenlernen, denn noch ist es zu früh, durch eine dieser Türen zu gehen. Erst nach einem zweiten Reinigungsritual wird Ihnen klar, welches Thema jetzt für Sie ansteht – und durch diese Tür treten Sie dann ein, um eine Antwort auf Ihre Frage oder eine entsprechende Lösung oder Erkenntnis zu erlangen. Dieses Jetzt-Thema kann natürlich auch einer der anfänglich vorgestellten Tür-Aufschriften entsprechen, oder es kann eine konkrete Frage sein, vielleicht auch eine Bitte, ein Wunsch. Möglicherweise wird sich die Thematik im Laufe der Reise verändern und Sie sehen plötzlich eine ganz andere Aufschrift auf der Tür, als Sie sich vorgenommen hatten.

Was auch immer geschieht, lassen Sie sich überraschen und bleiben Sie offen für alles, was kommen möchte und was Ihnen begegnet. Sie wissen ja, das ICH-BIN-Bewusstsein, in dem Sie sich während der Reise befinden, »weiß« mehr als der Verstand. Vertrauen Sie und geben Sie sich einfach hin.

Bildhaft »sehen«

Eine kurze, aber wichtige Anmerkung möchte ich noch für all diejenigen Leserinnen und Leser machen, die glauben, bei unserer Fantasiereise »nichts zu sehen«. Lassen Sie sich dadurch nicht abhalten, die Reise durchzuführen, denn zum einen können Sie bildhaftes Sehen lernen, zum anderen ist es aber auch nicht zwingend nötig, etwas visuell wahrzunehmen. Entspannen Sie sich einfach.

Für unser oberstes Ziel – eine Verbindung zu unserem wahren Selbst aufzubauen, das Selbst zu sein – müssen Sie vor Ihrem inneren Auge nicht sehen, wie Sie beispielsweise die sieben Stufen erklimmen. Vertrauen Sie darauf, dass Sie dennoch ans Ziel gelangen. Ein Ziel, das gar nicht existiert, weil Sie nämlich schon angekommen sind … (Hier kann sich der Verstand wieder ausklinken, der letzte Satz war nicht für ihn gedacht, er wird ihn nicht verstehen können).

Andererseits ist es aber erwiesen, dass bildhaftes Sehen erlernbar ist – Übung macht auch hier den Meister oder die Meisterin. Zwei Kräfte werden Sie dabei unterstützen: Ihre Einbildungs- und Ihre Vorstellungskraft. Die Einbildungskraft liefert die Bilder, meist aus der Erinnerung, und die Vorstellungskraft bringt sie auf den geistigen Bildschirm, um sie dort festzuhalten. Beginnen Sie mit einfachen Übungen: Schließen Sie die Augen und stellen Sie sich beispielsweise Ihr Lieblingsessen vor oder Ihr Kind, als es noch ganz klein war und in seinem Bettchen schlief, oder einen geliebten Menschen, der auf Sie zukommt. Üben Sie solche Vorgänge immer wieder, bis Sie mit sämtlichen Sinnen alle Einzelheiten erfassen können und das Bild immer länger auf Ihrem inneren Bildschirm bleibt. Und lassen Sie sich nicht entmutigen, falls es Ihnen nicht auf Anhieb gelingt – es ist ein Spiel, das Ihnen Freude bereiten soll. Nicht mehr und nicht weniger! Und glauben Sie mir, je öfter Sie die geführte Meditation praktizieren, umso mehr und deutlicher werden sich Ihre inneren Sinne ausbilden.

Die einzelnen Stationen der Reise

Ich stelle Ihnen nun die einzelnen Stationen unserer gemeinsamen Reise detailliert vor. So erkläre ich Ihnen zunächst die Symbolik der Farben, die Bedeutung des Reinigungsrituals und warum es sieben Stufen sind, die zur Halle des Lernens, dem inneren Raum der Erkenntnis, führen. Danach gehe ich auf die einzelnen Aufschriften der Türen ein und bitte Sie, hier Ihre persönlichen Gedanken zu den einzelnen Themen zu notieren und Fragen zu beantworten. Denn noch einmal: Wenn Sie aktiv und produktiv mitarbeiten, können Sie einen wesentlich größeren Nutzen aus dem Buch ziehen, als wenn Sie es nur passiv lesen.

CD Track 1 Entspannung – Farbsymbolik – Reinigung

Ich mache es mir jetzt einmal ganz bequem, schließe meine Augen und sinke in mich hinein.

Ich beobachte meinen Atem. Atme ganz ruhig und tief, sinke in meine Mitte.

Ich sinke noch tiefer in mich hinein und sinke in die Farbe Rot.

Ich sinke noch tiefer und sinke in die Farbe Orange.

Ich sinke noch tiefer und sinke in die Farbe Gelb.

Ich sinke jetzt noch tiefer und sinke in die Farbe Grün.

Ich sinke noch tiefer und sinke in Blau.

Ich sinke noch tiefer und sinke in Lila.

Ich sinke noch tiefer und sinke in Violett.

Ich sinke noch einmal tiefer und sinke in ein wunderbar strahlendes Licht.

Ich bin jetzt in dem Licht meines wahren Wesens, sehe vor mir eine Wiese, fühle mich ganz wohl und geborgen.

Erkenne in der Nähe ein Wasser. Ich gehe hin, ziehe mich aus und gehe ganz hinein in dieses Wasser, das mich klärt und reinigt.

Erfrischt und geklärt steige ich wieder aus dem Bad, trockne mich ab und hülle mich in ein neues Gewand innerer Ruhe und Gelassenheit.

Bei der ersten Station unserer Reise geht es zunächst darum, Körper und Geist zu entspannen und bei sich selbst anzukommen. Dies gelingt am besten über die Atmung. Erinnern Sie sich an die kurze Atembeobachtung, zu der ich Sie bereits zweimal eingeladen habe – ich atme ein, ich atme aus … Über diese tiefe und ruhige Atmung ist es möglich, ganz in sich hineinzusinken und von Verstand auf Bewusstsein umzuschalten.

Parallel zur entspannenden Atmung visualisieren wir dann die sieben Farben des Regenbogens, die Farben der Chakras oder Energiezentren des Körpers, die auf der Körpermittellinie von unten nach oben entlang der Wirbelsäule lokalisiert sind. Durch die bildhafte Vorstellung der Farben in dieser Reihenfolge ändert sich die Gehirnstromfrequenz vom normalen Betazustand (20 bis 30 Hertz) in den Alphazustand (7 bis 14 Herz), der einer tiefen Entspannung entspricht.

Und auch hier noch einmal die kurze Anmerkung für all diejenigen, die dabei keine Farben »sehen«: Das ist nicht nötig, hören Sie einfach zu und entspannen Sie sich.

Rot steht für unsere Basis, den körperlichen Willen zum Sein, für Selbstwahrnehmung und Vertrauen. Es stärkt die Lebensenergie und Erdverbundenheit, Willenskraft und Urvertrauen ebenso wie die Beziehung zum eigenen Körper und die Selbstbejahung. Rot ist die Farbe der vitalen Kraft, der Emotionalität, des Durchsetzungsvermögens, der Erregung, Leidenschaft und Liebe.

Orange steht für Kreativität, Lebensfreude und Sexualität. Es stärkt und fördert die Ausdruckskraft und Vielfältigkeit in diesen Bereichen. Orange ist die Farbe des Selbstbewusstseins, der Wärme und der Strebsamkeit, der Kraft und des Tatendrangs.

Gelb steht für unser Selbstwertgefühl, unseren Willen, für Durchsetzungs- und Entscheidungsfähigkeit. Es löst Emotionen und hilft bei der Verarbeitung von Gefühlen und Erlebnissen. Gelb ist die Farbe des Denkens und der Empfindsamkeit, des Verstandes, Ideenreichtums und der Ideale, der Veränderung, des Wunsches nach Befreiung, der Hoffnung und der Glückserwartung.

Grün steht für Liebe, Geborgenheit und Lebensfreude. Es gleicht Körper, Geist und Seele aus, fördert Mitgefühl, bedingungslose Liebe und Heilung. Grün ist die Farbe der Innerlichkeit, Friedlichkeit, Anpassungsfähigkeit und inneren Ausgewogenheit, der Beschaulichkeit und Empfindsamkeit, der Aufgeschlossenheit und heiteren Gelöstheit.

Blau steht für Ausdruck und Sprache. Es fördert die Kommunikationsfähigkeit, den Selbstausdruck und die Unabhängigkeit. Blau ist die Farbe der Ruhe und Erholung, der Stille und Treue, der Tiefe und Schwere, der Selbstlosigkeit, Hingabe und des Geistes.

Lila steht für Eigenverantwortung, Intuition, Geisteskraft und Nächstenliebe. Es fördert und belebt all diese Komponenten. Lila ist die Farbe des Glaubens und der Versenkung, der Geborgenheit und der stillen Daseinsfreude, des sozialen Denkens und Handelns, der Humanität, Nächstenliebe, Ehrlichkeit, Aufrichtigkeit und Gerechtigkeit.

Violett steht für reines Sein, körperliche und geistige Entwicklung. Es stärkt die Selbstverwirklichung und spirituelles Wachstum. Violett ist die Farbe des Dienens und der Selbstaufopferung, der Entsagung und tiefen Religiosität, der Mystik, der Ideale, der Erkenntnis und Vollkommenheit, der Geistigkeit und der Erlösung.

Nachdem wir das ganze Farbspektrum durchwandert haben, sinken wir in ein wunderbar **strahlendes Licht** – das Licht, in dem alle Farben enthalten sind, in reines Bewusstsein, in das Lichtwesen, das ICH BIN.

Mit dieser ersten Erkenntnis und dem Geschmack davon, was unser wahres Wesen ist – nämlich reines Licht –, werden die Bilder unserer Reise nun konkreter: eine Wiese mit einem Wasser. Wie dieses Wasser aussieht, ob es ein Fluss, ein Bach, ein See, ein Brunnen oder was auch immer ist, bleibt ganz Ihnen überlassen. Es muss keinesfalls logisch sein und kann sich von Mal zu Mal ändern.

Legen Sie in Ihrer Vorstellung die Kleidung, die Sie tragen, und damit symbolisch alles Alte und den Alltag ab. Tauchen Sie dann ganz in dieses Wasser ein, um sich zu reinigen und loszulassen. Danach schlüpfen Sie erfrischt und geklärt in neue Kleidung, die Ihr Unterbewusstsein für Sie bereitgelegt hat und die ein Symbol für innere Ruhe und Gelassenheit ist. So können Sie mit geklärtem Bewusstsein und frischem Gewand leicht und frei weiterziehen zur nächsten Station – dem Berg.

Reinigungsrituale haben in allen Kulturen und Traditionen schon immer eine wichtige Rolle gespielt. Als Beispiel möchte ich noch einmal auf das berühmte Orakel von Delphi zu sprechen kommen. Eine wichtige Voraussetzung, um dieses Orakel überhaupt befragen zu dürfen, war, dass man sich vorher reinigte. Es hieß: Tritt als Reiner in das Heiligtum des reinen Gottes, nachdem du deine Seele mit Quellwasser benetztest. Nur gereinigt und mit reinem Bewusstsein war es möglich, das Orakel zu verstehen.

CD Track 2 Auf dem Gipfel – die sieben Stufen zur Halle des Lernens

Ganz in der Nähe hat es einen Berg. Ich gehe hin zu diesem Berg und steige auf ihn hinauf. Ich sehe jetzt den Gipfel vor mir im Licht und gehe ganz hinein in dieses Licht.
Ich bin jetzt auf dem Gipfel des Berges im Licht angekommen und spüre, wie ich eins werde mit dem Licht. Ich bin eins mit dem Licht.

In diesem Licht sehe ich jetzt vor mir ein lichtvolles tempelartiges Gebäude – es ist die Halle des Lernens. Ganz bewusst und langsam nähere ich mich jetzt der Halle des Lernens.
Ich stehe jetzt vor ihr und erkenne, dass sieben Stufen zum Eingang führen.

Ich lasse noch einmal das lichtvolle Gebäude auf mich wirken und setze jetzt meinen Fuß auf die 1. Stufe. In diesem Augenblick spüre ich, wie alles von mir abfällt, was nicht mehr zu mir gehört, wie ich frei werde von allem, was war.

Jetzt gehe ich einen Schritt weiter und spüre, wie wohltuende Gelassenheit in mich einströmt, und weiß, alles ist gleich gültig. Und so lasse ich die Dinge so, wie sie sind. Ich lasse zu, was ist, und ruhe in vollkommener Gelassenheit.

Beim nächsten Schritt spüre ich, wie Frieden in mir einkehrt. Harmonie und Frieden erfüllen mein ganzes Sein. Und so genieße ich dankbar den Frieden, der mich erfüllt.

Ich mache jetzt noch einen Schritt und bin auf der 4. Stufe angekommen. Ich spüre, wie ich ab hier getragen werde. Spüre, dass ich immer getragen werde. Dass ich in der Geborgenheit leben kann, dass immer nur Sein Wille geschieht. Dass mir nur das widerfahren kann, was mir dient und hilft, was ich notwendig gemacht habe, und ich spüre die wunderbare Geborgenheit, die mich trägt.

Ich gehe noch eine Stufe höher und gehe damit in das Bewusstsein, wer ich wirklich bin, erkenne, dass alles eins ist. Dass es nichts gibt außer Gott. Dass ich ein individualisierter Teil Gottes bin, ebenso wie alles andere, was existiert. Ich spüre jetzt ganz bewusst die Einheit mit allem Sein, bin eins mit allem, eins mit mir, eins mit Gott.

Und in diesem Gefühl der Einheit gehe ich noch einen Schritt weiter und befinde mich auf der Stufe der Glückseligkeit. Aus tiefstem Herzen bejahe ich alles, was geschieht. Ich entscheide mich ganz bewusst für das Leben und spüre unendliche Glückseligkeit in mir. Meine Seele ist glücklich, zu sich selbst gefunden zu haben.

Glücklich und erfüllt steige ich jetzt die letzte Stufe empor und habe damit den Schritt in die Liebe getan. Nachdem ich losgelassen habe und im Hier und Jetzt lebe, nachdem Frieden und Gelassenheit mein ganzes Sein erfüllen und ich Geborgenheit und Glückseligkeit in mir erfahren habe, bin ich zur wahren Liebe erwacht. Spüre, wie diese Liebe mich durchdringt und erfüllt.

Und in dieser Liebe sehe ich mich jetzt einmal um.

Durch das Bad gereinigt und geklärt, erreichen wir mit Leichtigkeit den Gipfel des Berges, wo wir noch einmal bewusst in das Licht, das wir sind, hineingehen. Vielleicht spüren Sie bei diesem Aufstieg zum Gipfel im Licht, wie Sie sich selbst immer näher kommen. Wie Sie eintauchen in Ihr wahres Selbst.

Oben angekommen erkennen wir nun einen Tempel – unseren HerzInnenRaum, die Halle des Lernens, den Raum der Erkenntnis, zu dessen Eingang sieben Stufen führen. Wie am Anfang, als wir sieben Regenbogenfarben passierten, haben wir nun wieder sieben Stufen vor uns, über die wir steigen müssen, um in die Halle treten zu können.

Lassen Sie uns einen kurzen Exkurs in die Zahlenmystik unternehmen: Die Zahl Sieben hat umfassende Eigenschaften und nimmt in vielen Ländern und Kulturen eine Sonderstellung ein. Denken Sie nur an die sieben Zwerge hinter den sieben Bergen, die sieben Tage der Woche, die sieben Weltwunder, die sieben Zweige des Lebensbaumes, die antroposophische Einteilung des Lebens in Jahrsiebte. Es gibt Siebenmeilenstiefel und den Siebenschläfer, sieben fette und sieben dürre Jahre und nicht zu vergessen das verflixte siebte Jahr. Das waren nur einige wenige Beispiele, die Liste der Sonderstellung der Sieben ließe sich noch weiter fortführen. Wenn es Sie interessiert, dann finden Sie in den entsprechenden Medien weitere informative Mysterien und Erklärungen zu dieser besonderen Zahl.

Auf unserer Reise sind wir nun dazu bereit, die sieben Stufen zum Tempel Schritt für Schritt hinaufzugehen. Dabei durchschreiten wir bewusst die Stationen von Loslassen und Freiheit, Gelassenheit, Harmonie und Frieden, Geborgenheit und Getragen-sein, Einheit mit allem, Glückseligkeit und zum Schluss der wahren Liebe. Immer tiefer sinken wir dabei in einen Zustand der völligen Entspannung und rutschen gleichzeitig, sozusagen wie von selbst, mit jeder Stufe mehr in unser ICH-BIN-Bewusstsein, um unser persönliches Gipfelerlebnis zu erfahren. In diesem Bewusstsein sind wir jetzt bereit, endlich in die Halle einzutreten.

CD Track 3 Der Innenraum

Ich stehe jetzt im Tor der Halle des Lernens. Alles ist lichtvoll und hell. Eine wunderbare Atmosphäre herrscht überall, es duftet nach Blumen und nach dem Paradies.

Ich fühle mich unsagbar wohl und gehe langsam und behutsam weiter und befinde mich jetzt im Inneren der Halle.

Im Zentrum Ihres wahren Seins angekommen, sind Sie willkommen, fühlen sich wohl und wissen: Sie sind zu Hause angekommen. So können Sie sich entspannt, von jeglichem Ballast befreit und zu allem bereit in Ihrem Innersten umsehen.

CD Track 4 Die einzelnen Türen – acht Lebensthemen
Jetzt entdecke ich, dass es überall Türen hat. Rings um mich sind unendlich viele Türen. Und jede hat eine Aufschrift.

Im Folgenden gebe ich Ihnen zu allen vorgegebenen Türen, die Symbole für wichtige Lebensthemen darstellen, kurze Erklärungen. So können Sie Ihre eigenen Erfahrungen mit der Meditation besser verstehen und die Erkenntnisse in Ihr Leben integrieren. Es sind die Themen:
- Vergangenheit,
- Weisheit,
- Heilung,
- Bildergalerie mit alten Programmen und Verhaltensmustern,
- Berufung,
- Lebenssinn,

- Partnerschaft und
- Familie.

Zu all diesen Bereichen werde ich Ihnen Fragen stellen, die Sie Ihrem wahren Selbst näher bringen, denn durch die Beantwortung können Sie unbewusste Themen leichter klären und erlösen. Der erste Schritt zur Selbstverwirklichung ist immer die Erkenntnis, wer man wirklich ist. Ich empfehle Ihnen, dass Sie sich die Antworten auf die Fragen und die Erkenntnisse, die Sie daraus gewinnen, aufschreiben – legen Sie sich doch am besten ein Arbeitsheft an, in das Sie Ihre Gedanken und Impulse notieren.

Beginnen wir mit der ersten Tür, dem ersten wichtigen Lebensthema.

Da gibt es zum Beispiel die Tür: *Zu meiner Vergangenheit.* In dem Raum dahinter kann ich alles bereinigen, was hinter mir liegt, alles aus diesem Leben und aus allen früheren Leben.

Wenn Sie das Gefühl haben, dass Sie noch irgendwelche »Altlasten« mit sich herumtragen, dann haben Sie hier und jetzt die Gelegenheit, diese zu entsorgen. Das ist ganz einfach, denn die Vergangenheit ist vergangen, sie kehrt in dieser Form nicht mehr wieder, lassen Sie sie also einfach los!

Loslassen ist das vielleicht faszinierendste Abenteuer, das das Leben zu bieten hat. Sobald Sie alles loslassen, was nicht mehr zu Ihnen gehört, verschwinden Probleme, Schwierigkeiten, Leid und Mangel. Dieses Loslassen bedeutet aber nicht, sich davon abzuwenden, sondern hinzuschauen, es anzuschauen und zu erkennen: Das ist vergangen und gehört nicht mehr zu mir. Danke, dass es mich bis hierher begleitet hat. Ich lasse es jetzt los.

Jede Bindung verursacht unweigerlich Leid. So können wir nur glücklich sein und in Frieden leben, wenn wir alle Bindungen loslassen. Eines Tages werden wir ohnehin gezwungen, alles loszulassen – unseren Besitz, unsere unerfüllten Wünsche und Sehnsüchte, geliebte Menschen und so weiter. Lassen wir also rechtzeitig los, damit wir wirklich frei werden und unbeschwert durchs Leben gehen können.

Das heißt aber nicht, dass Sie jetzt Ihr gesamtes Hab und Gut verschenken oder sich von Ihren Liebsten trennen müssen. Freiheit erlangt man durch das Loslassen seiner Anhaftungen und Bindungen daran. Erkennen wir, dass Besitz uns ebenso gegeben wurde wie der Körper: als Werkzeug, um unsere Schöpfungsaufgabe besser erfüllen zu können.

Der erste Schritt zum Loslassen ist das richtige Entspannen. Wir lassen unsere Anspannung los. Lernen wir anschließend, auch den Begriff von Raum und Zeit loszulassen, bis wir letztendlich in der Lage sind, unser Ego loszulassen, und uns frei unserer Aufgabe zuwenden können. Dazu gehört, dass wir uns nicht durch unser Gemüt in Situationen und Umstände verwickeln lassen, sondern in jedem Augenblick der stille und wertfreie Beobachter von allem bleiben. Denn alles, was geschieht, dient unserem Besten und will uns helfen, die Wahrheit und Wirklichkeit hinter dem Schein zu erkennen. (Eine sehr wirkungsvolle Methode zum Loslassen ist »Releasing«, siehe Literaturempfehlungen.)

Wenn Sie wirklich loslassen und Sie selbst sind, ist alles Leid und jede psychische Belastung vorbei. Von einem Moment zum anderen. Sie können sich von allem Schmerz, Frust und jeglichen Emotionen der Vergangenheit (auch aus früheren Leben) befreien, indem Sie verzeihen, danken und loslassen. Die Vergangenheit existiert so wenig wie die Zukunft – nur das Jetzt zählt.

Und dieses Jetzt gilt es bedingungslos zu akzeptieren – denn das, was ist, ist! Gefällt es Ihnen nicht, dann müssen Sie es erst einmal loslassen – dann können Sie es ändern. Um ein Ziel zu erreichen, müssen Sie es erst einmal loslassen. Klingt paradox, nicht wahr? Ein Beispiel wird es Ihnen erklären: Stellen Sie sich vor, Sie zielen mit einem Bogen auf eine Scheibe. Zuerst müssen Sie den Bogen spannen – das heißt Energie aufwenden. Dann müssen Sie zielen – also Intelligenz einsetzen (ich meine damit nicht den Verstand). Und wenn Sie das alles richtig gemacht haben, dazu über einen hervorragenden Bogen, eine ruhige Hand, ein sicheres Auge und einen kraftvollen Arm verfügen, werden Sie die Scheibe nicht treffen, wenn Sie den Pfeil nicht loslassen! Es wird ohne dieses Loslassen nichts passieren.

Lassen Sie also alles los, was nicht mehr zu Ihnen gehört – Gewohnheiten, Verhaltensmuster, Programmierungen. So werden Sie frei sein!

PRAXISTEIL

Nehmen Sie Ihr Arbeitsheft zur Hand und schreiben Sie als erste Überschrift: *Meine Tür zur Vergangenheit.* Machen Sie sich Notizen zu den folgenden Fragen:

- Gibt es noch irgendwelche »Leichen in meinem Keller«, die ich aus der Vergangenheit mit mir herumtrage? Welche?
- An welche Situationen erinnere ich mich, an die ich noch immer starke Emotionen kopple, wie Scham, Schuld, Wut, Ärger, Angst und so weiter?
- Welche Personen fallen mir ein, mit denen ich noch immer im Unreinen bin?
- Bin ich bereit, dies alles loszulassen?

Wenn Sie die letzte Frage mit einem Ja beantwortet haben, dann machen Sie sich jetzt daran, wirklich loszulassen – tun Sie es! Es ist ganz wichtig, diesen Schritt auch zu vollziehen! Denken Sie an die jeweilige Situation, schauen Sie sie noch einmal an, sagen Sie ein Danke dafür, dass Sie sie bis jetzt begleitet hat und dass Sie dadurch an Erfahrungen reicher sind. Falls Personen darin verwickelt sind, dann verzeihen Sie diesen und bitten Sie um Verzeihung. Und dann sagen Sie (am besten laut): »Das lasse ich jetzt los.« Zum Beispiel: »Meine Angst davor, wieder zu versagen, diese Angst lasse ich jetzt los!«

Es kann eine Weile dauern, bis Sie alles aus Ihrer Vergangenheit losgelassen haben – möglicherweise fällt Ihnen auch nicht gleich alles auf einmal ein. Vertrauen Sie darauf, dass die Dinge auftauchen, wenn Sie bereit dazu sind – und dann können Sie immer wieder neu loslassen.

Schreiben Sie auch nieder:
- Wie fühle ich mich nach dem Loslassen?
- Und was bedeutet eigentlich »Vergangenheit« für mich?

Im Laufe Ihrer Loslass-Praxis werden Sie wahrscheinlich feststellen, dass die Zeitabschnitte des Loslassens immer kürzer werden. Denn nicht nur Ihre Kindheit oder ein früheres Leben sind Vergangenheit, nein, auch der gestrige Tag oder das Frühstück heute Morgen oder der Moment gerade eben ... Wenn Sie das erkannt haben, können Sie immer unmittelbar nach einer belastenden vergangenen Situation loslassen. Wenn Sie beispielsweise gerade jetzt aus dem Fenster blicken und sich über Ihre Nachbarin ärgern, weil diese ihr Auto schon wieder so parkt, dass es Ihre Ausfahrt versperrt, dann können Sie diesen Ärger jetzt sofort loslassen.

Auf einer anderen Tür steht: *Tür zur Weisheit*. Wenn ich durch diese Tür gehe, befinde ich mich in einem erhobenen Bewusstsein, in dem ich alle Weisheiten erkennen kann. Dort hat es auch ein Weisheitsbuch, in dem ich nachschlagen kann und Antworten finden kann, zu allem, was mir wichtig ist.

In diesem erhobenen Bewusstsein befinden Sie sich immer, Sie brauchen sich nur daran zu erinnern, und haben deshalb Zugang zu allen Weisheiten des Universums. Dabei geht es nicht um das, was den Verstand interessiert, nicht um Wissen und das Sammeln von Informationen, sondern um wahre Weisheit. Diese Weisheit werden Sie nicht im Brockhaus oder bei Wikipedia finden, und deshalb ist es gut zu wissen, dass sie in Ihnen selbst liegt. Zu jeder Frage, die Sie sich stellen, liegt die passende Antwort bereits in Ihnen – sonst könnten Sie diese Frage gar nicht stellen. Sie haben jederzeit Zugang dazu.

Betreten Sie diesen Weisheitsraum immer dann, wenn Sie ein sogenanntes Problem zu lösen haben, Ihnen der Verstand jedoch keine passende Lösung liefert, oder wenn Sie eine Frage haben, die Sie betrifft. Hier können Sie möglicherweise in einem Buch, das vor Ihrem geistigen Auge auftaucht, nachschlagen, oder vielleicht treffen Sie eine weise Frau oder einen weisen Mann, um Ihre Fragen zu stellen und sich beraten zu lassen, oder auf eine Leinwand wird ein Film mit der Lösung projiziert oder,

oder, oder. Lassen Sie sich überraschen, welche kreativen Vorschläge Ihnen das Selbst liefert!

PRAXISTEIL

Nehmen Sie nun bitte wieder Ihr Arbeitsheft zur Hand und schreiben Sie als Überschrift: *Meine Tür zur Weisheit*. Notieren Sie sich bitte Ihre Gedanken zu folgenden Themen:

- Was bedeutet für mich Weisheit?
- Wie unterscheidet sie sich von Wissen?
- Auf welche Fragen, die mich betreffen, möchte ich eine Antwort bekommen?

Bitte schreiben Sie alle Fragen auf, die Sie interessieren – halten Sie nichts zurück, niemand wird Sie kontrollieren. Und denken Sie daran: Es gibt keine richtigen oder falschen Fragen, genauso wenig wie es richtige oder falsche Antworten gibt.

Schreiben Sie auch nieder:

- Wie fühle ich mich mit der Tatsache, dass die Antworten auf alle Fragen in mir selbst liegen? Dass ich niemanden anderen um Rat fragen muss?
- Glaube ich das?

Begeben Sie sich immer wieder in Ihren Raum der Weisheit. Je öfter Sie das praktizieren, umso sicherer werden

Sie, weil Sie die Erfahrung machen, dass die Antworten immer genau stimmig sind.

Erinnern Sie sich an Ihr wahres Selbst, gehen Sie in das ICH-BIN-Bewusstsein, werden Sie stimmig – und Sie werden die passende Antwort erhalten. Dieses Einstimmen ist wichtig, denn sonst könnte es sein, dass Ihr Verstand mit seiner begrenzten Sichtweise antwortet, und das hat nichts mit Weisheit zu tun.

Vielleicht haben Sie schon einmal folgende Erfahrung gemacht: Wenn Sie bei einer anderen Person um Rat fragten, beispielsweise einen Astrologen aufsuchten oder eine Wahrsagerin, haben diese sich erst einmal auf Sie eingestimmt. Sie machen genau dasselbe, wenn Sie Ihren Weisheitsraum betreten: Sie stimmen sich auf sich ein, auf Ihr wahres Selbst.

Und noch eine wichtige Frage, die Sie sich ehrlich beantworten sollten:

• Vertraue ich den Antworten aus meinem Weisheitsraum?

Auf einer weiteren Tür steht: *Heilungsraum*. Wann immer ich mich nicht wohlfühle oder krank bin, kann ich durch diese Tür gehen. Dahinter ist ein vollständig eingerichteter Behandlungsraum mit geistigen Ärzten und Beratern. Dort kann ich in Gesprächen die Ursache meiner Krankheit erfahren und kann mich auch – falls notwendig – von den Ärzten dort geistig operieren lassen. Es hat in allen Räumen Berater und Weise, die mir zur Seite stehen, mir auf alles antworten, mir alles zeigen und mir bei allem helfen.

Falls Sie sich krank, unwohl oder erschöpft fühlen, erhalten Sie in diesem Raum wertvolle Hinweise auf die Ursache Ihres momentanen Zustandes. In der Regel entsteht eine Krankheit, egal ob im physischen oder psychischen Bereich, weil man nicht stimmig lebt.

Wenn Sie beispielsweise seit Wochen ohne Unterlass von morgens bis abends oder sogar spät in die Nacht hinein arbeiten, dann kann das durchaus eine Überforderung für Sie bedeuten – zumal wenn es eine Arbeit ist, die Sie nur verrichten, weil Sie damit Ihren Lebensunterhalt verdienen, obwohl sie Ihnen keineswegs Freude bereitet. Ihr Körper und auch Ihr Geist bräuchten dringend eine Erholungspause. Da Sie aber diese Signale überhören und einfach weitermachen, weil das Projekt »unbedingt bis nächsten Montag fertig sein muss«, findet Ihr Körper eine andere Lösung. Zu seinem Glück fliegt gerade ein Grippevirus an Ihnen vorbei, und Sie wachen am nächsten Tag mit Kopf- und Gliederschmerzen auf und *müssen* nun eine Pause einlegen. Ein offenkundiges Beispiel dafür, dass sie nicht stimmig leben, für eine Fehlhaltung. Jede Krankheit ist automatisch mit der Bitte kombiniert, diese Fehlhaltung zu beseitigen.

Manchmal jedoch liegt der Grund für eine Krankheit scheinbar im Verborgenen, es gibt einfach keine verstandesmäßige Erklärung dafür. Dann ist es gut, in Ihren inneren Heilungsraum zu gehen, um diesen tieferen Grund zu erfahren. Kennen Sie erst einmal die Ursache, dann haben Sie die Möglichkeit, Ihr Leben zu verändern, um heil zu werden und heil zu sein. Jede Heilung ist eine geistige Heilung. Es gibt keine Medikamente gegen Ärger, Neid oder Zorn. Hier hilft nur eine Wandlung des Bewusstseins. Man muss sich wieder ausrichten auf die *eine* Kraft und damit auf die Einheit allen Seins. So geht es nicht nur um die Heilung unseres Körpers, sondern um unser Seelenheil.

Die Helfer und Heiler im geistigen Raum werden Sie bei der Genesung mit ihren Mitteln begleitend unterstützen. Wichtig ist es aber auch, die Maßnahmen der äußeren Heiler (Arzt, Heilpraktiker, Therapeut) zu berücksichtigen. Um noch einmal auf das Beispiel der Seminarteilnehmerin zurückzukommen, die sich den Fuß verknackst hat – Sie erinnern sich: Freunde wollten zum Essen kommen und sie stolperte während der hektischen Vorbereitungen. Die Ursache für den kleinen Unfall könnte ebenfalls eine Überforderung sein, und der innere Arzt würde ihr raten, kürzerzutreten. Sie sollte die nächsten Tage ruhig auf dem Sofa oder im Bett verbringen und sich so richtig verwöhnen (lassen). Von ihrem Hausarzt bekommt sie eine Salbe, Schmerztabletten und einen Verband umgelegt. Innerer und äußerer Heiler tragen zur Genesung bei – jeder auf seiner Ebene.

Uns allen ist der Spruch »Gesundheit ist nicht alles, aber ohne Gesundheit ist alles nichts!« bekannt. Das mag stimmen, ausschlaggebend ist jedoch, wie wir den Begriff Gesundheit betrachten und definieren, denn letztendlich gibt es keine Krankheit, nur den äußeren Schein einer solchen. Auf der Ebene des Herzens, der bedingungslosen Liebe, sind alle Menschen heil. Bedenken Sie das, wenn Sie an einer »unheilbaren Krankheit leiden« oder beispielsweise im Rollstuhl sitzen.

Machen Sie sich jetzt einmal bewusst: Wir alle sind reines Sein, ewiges ICH BIN. Und das kann nicht krank sein oder werden. Er-innern Sie sich: Ich habe einen Körper, aber ich bin nicht dieser Körper! Mein Körper sendet lediglich Signale, wenn ich nicht mehr stimmig lebe und dabei bin, mich aus dem Gleichgewicht zu bewegen. Achten Sie auf Ihre inneren und äußeren Signale – auch Symptome genannt – und verstehen Sie sie als Chance, Ihr Verhalten zu ändern. Lassen Sie also zu, dass Sie immer in dem Bewusstsein des einen Seins bleiben und das wahre Wesen hinter dem äußeren Schein erkennen.

PRAXISTEIL

Holen Sie jetzt wieder Ihr Arbeitsheft hervor und schreiben Sie als Überschrift: *Meine Tür zum Heilungsraum.* Notieren Sie sich Ihre Gedanken zu folgenden Fragen:
- Was bedeutet für mich Heilung? Wann bin ich heil?
- Gibt es einen Unterschied zwischen Heilung und Gesundheit?

- Fühle ich mich jetzt, in diesem Augenblick, heil?
- Vertraue ich meinen Selbstheilungskräften?

Es kann sein, dass die Ratschläge, die Sie in Ihrem Heilungsraum erhalten, komplett mit Ihrem Verstand in Widerstreit geraten. Im ICH-BIN-Bewusstsein existiert Krankheit nämlich nicht. Bewusstsein *ist*, war immer und wird immer sein. Gerade deshalb sind die Weisheiten aus dem Heilungsraum so wertvoll, weil sie auf einer anderen Ebene wirken und heilen. In diesem Bewusstsein können Sie den Rest getrost Ihrem äußeren Arzt, Heilpraktiker oder Therapeuten überlassen.

Hier noch ein paar weitere Fragen:
- Erlaube ich meinem Körper und meinem Geist, gesund zu sein?
- Wie sind meine Überzeugungen, Einstellungen, Programmierungen zum Thema Gesundheit?
- Was kann ich diesbezüglich loslassen?

Und möglicherweise die wichtigsten Fragen überhaupt:
- Will ich wirklich gesund und heil sein? Oder ziehe ich einen Nutzen aus meinem jetzigen Zustand? Welchen und warum?

Auf einer anderen Tür steht: *Eingang zur Bildergalerie*. Dort sind alle Bilder ausgestellt, die ich in meinem Unterbewusstsein habe, alle Programme, nach denen ich mich unbewusst verhalte. Dort kann ich alte Bilder verbrennen, die überholt sind, oder sie gegen neue austauschen, nach dem letzten Stand meiner Erkenntnis. Ich kann aber auch mit ihrer Hilfe erkennen, wo ich noch nach alten Bildern und Verhaltensmustern lebe.

In diesem Raum geht es wieder um das Loslassen. Dieses Mal haben Sie die Chance, sich von Programmierungen, Glaubensmustern und alten Bildern zu lösen. Das funktioniert natürlich nur, wenn diese auch als solche erkannt werden. Glauben Sie mir, unsere inneren (und äußeren) Saboteure sind sehr geschickt und tarnen sich oft als scheinbare Helfer. Schauen Sie sich also in Ihrer Bildergalerie genau um, dort werden Sie nach und nach all Ihre unbewussten Programme entdecken – und wenn etwas unklar ist, dann lassen Sie sich einfach vom inneren Galerie-Personal dort bei der Deutung helfen. Und am besten lassen Sie dann auch sofort los.

Wenn beispielsweise eines Ihrer Glaubensmuster darin besteht, dass Sie meinen: »Im Alter wird alles beschwerlicher, da kommen die kleinen oder größeren Zipperlein, da kann man nichts machen, damit muss man leben …«, dann haben Sie jetzt die Gelegenheit, dieses Glaubensmuster loszulassen. Wie Sie das machen, ist Ihnen überlassen – entweder indem Sie dieses innere Bild verbrennen, zerreißen oder auf andere Art vernichten oder indem Sie einen Loslasssatz sprechen. Oder Sie lassen sich zeigen, wie Sie sich jetzt am besten davon lösen. Manchmal genügt auch ein tiefer, entspannender

Seufzer. Probieren Sie das doch jetzt gleich einmal aus: Nehmen Sie einen tiefen Atemzug und seufzen Sie dann beim Ausatmen lange und hörbar.

Und wie gesagt: Schauen Sie in Ihrer Bildergalerie ganz genau hin – denn fast unser ganzes Leben besteht aus Mustern und Geschichten …

 ## PRAXISTEIL

Nehmen Sie jetzt wieder Ihr Arbeitsheft zur Hand und schreiben Sie dieses Mal als Überschrift: *Tür zu meiner Bildergalerie*. Dann notieren Sie Ihre Gedanken zu folgenden Fragen:

- An welchen Glaubensmustern halte ich noch fest?
- Woher kommen diese Überzeugungen und Programme?
- Bin ich jetzt bereit, diese loszulassen?

Oft sind uns diese Programmierungen gar nicht bewusst, weil sie seit Generationen als Normalität gelebt werden. Hinterfragen Sie aus dem ICH-BIN-Bewusstsein heraus *jede* Ihrer Gewohnheiten, alle Meinungen und Verhaltensmuster. Überprüfen Sie, ob es sich dabei um ein Programm handelt, das Sie löschen und loslassen können.

Dazu zwei entscheidende Fragen:

- Bin ich wirklich bereit, alle Programme loszulassen und jenseits der Norm zu leben?
- Bin ich bereit, *mein* ureigenes Leben zu leben?

Werden Sie immer dann hellhörig, wenn Ihnen Ihr Verstand (oder ein »guter Freund«) sagt, etwas *müsse* so und so sein. Dahinter versteckt sich immer ein Muster oder eine Programmierung. Nichts und niemand muss – auch Sie nicht! In dem Maße, wie Sie bereit sind, Ihr Leben zu leben – nicht das der anderen –, entsteht Selbstbewusstsein. Sie leben dann im Bewusstsein Ihres wahren Selbst.

Mit der Forderung: »Erkenne dich selbst!« ist natürlich auch die Forderung verbunden: »Sei du selbst!« Denn solange man sich noch bemüht, so zu sein wie ein anderer, kann man nicht glücklich sein. Also, wie gesagt: Sie müssen gar nichts! Nicht einmal sterben – auch wenn das so viele behaupten. Ihr Körper wird vergehen, denn er hat ein bestimmtes Verfallsdatum, Sie aber sind unsterblich, ewiges Sein.

Es gibt noch eine Tür mit der Aufschrift: *Meine Berufung.* Dort finde ich meine wahre Lebensaufgabe. Wozu ich berufen bin. Ich erfahre dort auch, wie ich meine Berufung am besten erreiche und ausüben kann. Welche Voraussetzungen noch zu erfüllen sind und welcher Schritt jetzt zu tun ist.

Beruf oder Berufung hat mit der Wortwurzel »Ruf« zu tun. Den Ruf der Seele hören und ihm folgen – das ist von enormer Wichtigkeit. Und jeder kann das tun! Jeder von uns ist ursprünglich mit einer bestimmten Absicht hierhergekommen. Und alle zieht es wie magisch an: Das zu leben, was mich wirklich erfüllt, den Beruf auszuüben, den ich nicht mehr als »Arbeit« bezeichne, sondern der meine »Berufung« ist. Die Tätigkeit auszuüben, in der meine Talente und Fähigkeiten liegen, mit der ich die meiste Freude empfinde … Wahre Erfüllung kann nur finden, wer seine Berufung erkennt, annimmt und erfüllt!

Der Beruf sollte etwas sein, wofür man lebt, nicht wovon man lebt. Niemand kann in einem Beruf erfolgreich und glücklich sein, wenn er seine Arbeit nicht liebt, wenn Beruf und Berufung nicht identisch sind, der Selbstverwirklichung dienen und der Allgemeinheit nützen.

Das kann für jeden etwas ganz anderes bedeuten, und es gibt kein Besser oder Schlechter dabei. Der einzige Maßstab, der zählt, ist, dass Sie hundertprozentig Ihre Bestimmung leben. Dann werden Sie auch hundertprozentig glücklich und zufrieden in Ihrem Leben sein.

Sollten Sie Ihre wahre Berufung noch nicht gefunden haben, dann ist dieser Raum genau der richtige für Sie. Hier werden Sie erkennen, welchem Ruf Sie folgen werden und was es dafür braucht. Hören Sie beispielsweise das Wort »Heilung«, dann lassen Sie sich zeigen, in welcher Richtung Sie heilend tätig werden können. Ist es ein Studium, um sich als Arzt zu betätigen? Oder geht es in Richtung Massage? Oder in den Bereich der Pflege? Was auch immer es sein wird, Sie werden es erfahren und umsetzen können.

In Ihr Arbeitsheft können Sie jetzt die Überschrift *Tür zu meiner Berufung* schreiben. Dann notieren Sie Ihre Gedanken zu folgenden Fragen:

- Wenn ich mein Erwachsenenleben noch einmal beginnen könnte, welchen Beruf würde ich wählen?
- Was kann ich besonders gut, wo liegen meine Begabungen, meine Gaben?
- Was ist mein Wunschtraum, meine wahre Berufung?
- Lebe ich sie?
- Und wenn nicht, warum lebe ich sie nicht? Was hindert mich daran?
- Wann bin ich bereit, das Notwendige zu tun, um meine Berufung zu erfüllen?

Kann es sein, dass Sie irgendwelche Glaubensmuster daran hindern, Ihre Berufung zu leben? Etwa: »Dafür bin ich doch jetzt schon zu alt!« Oder: »Mit zwei Kindern ist das einfach nicht machbar!« Glauben Sie mir, das sind alles Ausreden – lassen Sie diese Glaubensmuster am besten gleich los. Alles ist möglich, und Ihr Selbst-Bewusstsein wird Ihnen die Lösung dafür zeigen.

Also fragen Sie sich:

- Welche Glaubensmuster kann ich loslassen, um meine Berufung zu finden und zu leben?
- Und welche Schritte kann ich tun, um meine Berufung zu leben?

Lassen Sie alles los, was Sie hindert, und notieren Sie dann ganz genau, wie Sie vorgehen können, um Ihr Ziel zu verwirklichen. Schreiben Sie Ihren Plan detailliert auf und setzen Sie die erforderlichen Schritte dann auch konsequent in die Tat um. Haken Sie einen nach dem anderen ab. Das ist das Wichtigste: Handeln Sie! Und lassen Sie sich nicht von Ihren »Saboteuren« ablenken oder gar entmutigen. Am besten, Sie setzen sich eine realistische Frist, bis wann Sie Ihr Ziel verwirklicht haben (lesen Sie auch auf Seite 100 nach, wie Sie das am besten umsetzen). Sie werden sehen, wie sich Ihr Leben verändert, allein durch den Gedanken daran, dass es möglich ist!

Sollten dennoch Hindernisse auftauchen, dann begeben Sie sich wieder in Ihren Berufungsraum, um sich die Lösungen dafür zeigen zu lassen.

Auf einer anderen Tür steht: *Der Sinn meines Lebens.* In diesem Raum erfahre ich, warum ich inkarniert bin, weshalb ich diese Zeit und diese Umstände gewählt habe und was ich mir für dieses Leben vorgenommen habe zu lernen.

Dieses ist ein heiliger Raum. Man kann ein Leben lang wie die Katze um den heißen Brei herumschleichen, ohne erfüllt zu leben. Irgendwie geht es ja immer. Aber »irgendwie« ist unbefriedigend und kraftraubend. Es wird Sie auf Dauer nicht glücklich machen.

Entwickeln kann man sich immer nur auf ein Ziel hin. Beim Problem ist es die Lösung, beim Wunsch ist es die Erfüllung, beim Leben ist es der Sinn. Fragen Sie nach Ihrem Lebenssinn, wenn Sie ihn noch nicht erfahren haben. Lauschen Sie und freuen Sie sich über die Antwort, egal wie sie lautet! Ein kleiner Tipp: Lassen Sie sich diese Antwort von Ihrem Verstand nicht madig machen.

Viele erwarten von Ihrem Sinn des Lebens, dass es etwas (verstandesmäßig) Großartiges ist – das Erretten der Menschheit oder zumindest die Entdeckung des Mittels zur Unsterblichkeit. Doch meistens liegt der Sinn in den scheinbar banalen Dingen, und dabei geht es selten ums Tun, sondern ums Sein. Die Sinnfrage ist vollkommen wertfrei – egal ob es der Sinn Ihres Lebens ist, in der Forschung tätig zu sein oder die Straße zu kehren, ob Sie Tag und Nacht Brötchen backen oder in sich versunken am See sitzen.

Und machen Sie sich auch bewusst, dass sich der Sinn des Lebens ständig wandeln kann – Leben heißt Veränderung und ist ein stetiger Fluss. Genauso ist es mit dem Sinn. Wenn Sie bewusst Sie selbst sind, jeden Augenblick erfüllt leben, dann leben Sie in Einklang mit sich und dem Leben. Dann erfüllen Sie den Sinn zu leben.

Viele Menschen möchten gern eine große Aufgabe in ihrem Leben erfüllen, anstatt die Aufgabe, die gerade zu erfüllen ist, groß zu erfüllen. Denn es gibt in Wahrheit keine kleinen und großen Aufgaben, es gibt nur die Möglichkeit, sie klein oder groß zu erfüllen. Hilfreich dabei ist es, so oft wie möglich in die Stille oder in den heiligen Raum »Sinn meines Lebens« zu gehen, um die Aufgabe, die der Augenblick stellt, auch zu erkennen. So können wir unsere Schwächen erkennen und in Stärken umwandeln und unsere Stärken optimal einsetzen.

Um wirklich glücklich zu sein, brauchen wir etwas, für das wir uns begeistern können, das uns wirklich erfüllt. Besonders schön und erfüllend ist es, wenn wir uns für unsere Aufgabe begeistern können. Dann erkennen wir auch, dass es in jeder Sekunde unseres Lebens nur einen optimalen Schritt vorwärts gibt. Wir richten unsere Aufmerksamkeit nur noch darauf, was das Leben in diesem Augenblick durch uns verwirklichen will. Wir erfüllen den Augenblick. Wir sind so in steter Harmonie mit dem Strom des Seins und leben ein erfülltes und sinnhaftes Leben. Wir sind glücklich, weil wir *sind*.

Möglicherweise erhalten Sie bei der Frage nach dem Sinn keine Antwort, die der Verstand als solche erkennt, sondern vielleicht einfach »nur« ein Gefühl: Freude, Liebe, Frieden. Nehmen Sie es an, leben Sie Ihren Sinn, und Sie werden augenblicklich spüren, wie sich Ihr Leben entspannt und Ihre Seele Frieden findet. Erfüllung können Sie nur finden, wenn Sie Ihre Lebensaufgabe erkennen, annehmen und erfüllen.

PRAXISTEIL

Bitte nehmen Sie jetzt wieder Ihr Arbeitsheft zur Hand und schreiben Sie dieses Mal als Überschrift: *Tür zum Sinn meines Lebens*. Dann notieren Sie Ihre Gedanken zu folgenden Fragen:

- Habe ich jemals nach dem Sinn meines Lebens gefragt?
- Welche Antwort(en) habe ich damals erhalten?
- Welche Aufgaben hat mir das Leben geschenkt?
- Welche Erkenntnisse habe ich daraus gezogen?
- Welche Konsequenzen habe ich daraus gezogen?
- Wie kann ich diesen und jeden Augenblick sinnvoll leben?

Nehmen Sie sich jetzt einige Momente Zeit und fragen Sie sich:

- Wie sieht meine Wunschbiografie aus?
- Auf welchen Platz hat mich das Leben gestellt? Warum?
- Was ist zu tun, um aus meinem Leben ein Meisterwerk zu machen?
- Was hindert mich noch, genau das zu tun?
- Und was hat das alles mit dem Sinn meines Lebens zu tun?

Nehmen Sie sich für diese Fragen viel Zeit. Und gehen Sie immer wieder in den Sinnraum Ihres Bewusstseins. Möglicherweise werden Sie dort auch immer wieder neue Erfahrungen und Wahrnehmungen machen.

Wenn Ihnen jetzt bewusst wird, dass das Leben, das Sie führen, Sie nicht wirklich erfüllt, dass Sie sich nicht auf jeden Tag, auf jeden Augenblick freuen, dann ist es an der Zeit, etwas zu ändern. Es ist wichtig, dass Sie beginnen, Ihr eigenes Leben zu verwirklichen. Leben Sie Ihr Leben, das, was Sie aus den Tiefen Ihres Herzens leben wollen – nicht die Erwartungen der anderen. Prüfen Sie genau, lauschen Sie in sich hinein, und haben Sie den Mut, das, was Sie hören, umzusetzen. Auch wenn es noch so unkonventionell sein mag. Ihr wahres Selbst sagt Ihnen, dass der wahre Sinn Ihres Lebens auf Sie wartet.

Das Leben, von dem Sie träumen, können Sie nur verwirklichen, wenn Sie einen entscheidenden Schritt tun. Verwirklichen Sie Ihr wahres Sein, und treten Sie hervor als der Mensch, der Sie in Wahrheit sind.

Auf einer anderen Tür steht: *Meine Partnerschaft.* Dort erfahre ich, wer jetzt mein idealer Partner ist. Welche Aufgaben wir miteinander zu lösen haben und wie ich ein noch idealerer Partner werden kann. Ich kann dort auch erkennen, ob es noch andere Partner in diesem Leben gibt und ob vergangene Partnerschaften ganz gelöst sind.

Egal welche Frage Sie zu Ihrer Partnerschaft haben, in diesem Raum werden Sie die Lösung finden. Leben Sie allein, dann geht es dabei nicht um die Fragen: Wie lange muss ich noch warten, bis mir mein Traumprinz endlich begegnet? Oder: Wie viele Frösche muss ich noch küssen? Sondern darum, wie Sie das Alleinsein nutzen können, um selbst ein idealer Partner zu werden. Zu dem idealen Partner, nach dem Sie sich möglicherweise so sehr sehnen.

Eine kleine Geschichte wird das verdeutlichen: Ein Mann suchte sein Leben lang nach der idealen Partnerin. Er wurde reich und berühmt, blieb aber allein. Als er alt war, fragte ihn ein Journalist, ob seine Suche denn keinen Erfolg gehabt habe, und er erwiderte schmunzelnd: »Doch, ich habe sie gefunden. Als ich dreißig Jahre alt war, bin ich ihr begegnet. Doch leider war auch sie auf der Suche nach dem idealen Partner.« Keiner von beiden erkannte, dass sie füreinander geschaffen waren, weil beide nach einer Idealvorstellung, einem Phantom Ausschau hielten.

Viele Menschen suchen jahrelang nach dem idealen Partner, ohne zu erkennen, dass sie mit einem solchen bereits zusammen sind. Warum? Nach dem Gesetz der Resonanz ziehen wir den idealen Partner erst dann an, wenn wir selbst ein idealer Partner sind (wie auch immer Ihre Definition von »ideal« ist). Das heißt, wir ziehen immer den Partner an, der unserem momentanen Sein am besten entspricht – somit ist der Partner, mit dem wir jetzt gerade zusammen sind, der ideale Partner für uns, weil er uns genau mit den Lebensaufgaben konfrontiert, die wir gerade erfahren wollen. Eine Erkenntnis, die für viele Paare sehr erleichternd sein kann.

Die ideale Partnerschaft ist also die, durch die beide sich entwickeln können und so die Chance haben, wirklich zu lieben, ohne dass einer seine Freiheit und Einzigartigkeit verliert. Beide können wirklich sie selbst sein. Ihrer »großen Liebe« können Sie erst begegnen, wenn Sie die »große Liebe« in sich gefunden haben, weil Sie sie nach dem Resonanzgesetz erst dann anziehen können.

Der Sinn einer Partnerschaft ist der, dass der andere Sie mit einem Mangel konfrontiert, Ihnen zeigt, wo Sie noch nicht ganz »heil« sind, nicht »Sie selbst« sind. Die Auseinandersetzung mit dem anderen wird Sie also letztendlich zu sich selbst führen, Ihnen helfen, ganz Sie selbst zu sein. So ist der Partner, den Sie derzeit haben, der ideale Partner für Sie und Sie für ihn, denn er ist so viel oder so wenig ideal wie Sie selbst. Gemeinsam sind Sie auf dem Weg zu sich selbst.

Haben wir unsere gemeinsame Aufgabe und Lektion erfüllt, kann es dann auch sein, dass eine Partnerschaft endet. Sie zu beenden ist aber nicht gleichbedeutend mit »sich nicht mehr lieben«. Denn wahre Liebe ist bedingungslos und ohne Ende.

Und auch, wenn Sie gerade nicht in einer Partnerschaft leben, ist das Alleinsein wohl das, was Sie gerade lernen und erfahren wollen, auch wenn Verstand oder Ego etwas ganz anderes dazu sagen.

Den Partnerschaftsraum können Sie immer dann aufsuchen, wenn Sie Fragen zu sich selbst und zu Ihren

Partnerschaften haben. Und damit sind nicht nur Liebespartnerschaften gemeint, sonder natürlich auch alle Ihre anderen Beziehungen zu Freunden, Bekannten und Kollegen. Gute und stimmige zwischenmenschliche Beziehungen sind für ein glückliches und zufriedenes Leben von großer Bedeutung.

 PRAXISTEIL

Bitte nehmen Sie Ihr Arbeitsheft und notieren Sie darin die Überschrift: *Tür zu meiner Partnerschaft*. Dann schreiben Sie Ihre Gedanken zu folgenden Fragen auf:

- Was verstehe ich unter einer idealen Partnerschaft?
- Bin ich selbst ein idealer Partner?
- Würde ich mich, so wie ich bin, selbst zu meinem Partner wählen? Würde ich mit mir selbst die Ehe schließen?

Wenn Ihre Antwort darauf ein Nein ist, dann fragen Sie sich:

- Was muss ich tun, welche Eigenschaften muss ich entwickeln, um *mein* idealer Partner werden zu können?

Leben Sie in einer festen Partnerschaft, dann können Sie die Fragen stellen:

- Welche Aufgaben haben wir beide zu lösen?
- Was ist der Sinn unserer Partnerschaft?
- Liebe ich meinen Partner bedingungslos?

Sollte Ihnen Ihr Verstand keine Lösungen oder Antworten geben können, dann fragen Sie Ihr Bewusstsein im Raum der Partnerschaft.

Machen Sie sich auch Gedanken zu Ihren anderen zwischenmenschlichen Kontakten:

- Kann ich die Menschen in meinem Umfeld so annehmen, wie sie nun mal sind?
- Kann ich sie lieben, ohne Wenn und Aber?

Dieses Lieben gelingt vielen von uns im Bekanntenkreis oft leichter als beim momentanen Lebensgefährten. Wollen Sie wahre Liebe erfahren, dann gilt es, das Göttliche in Ihnen selbst und in allen Menschen – auch in Ihrem Partner – zu erkennen. Das Ziel einer Partnerschaft sind zwei Menschen, die miteinander und aneinander »heil« geworden sind und sich daher nicht mehr »brauchen«, weil jeder alle Aspekte des anderen in sich aufgenommen hat. Dies ist die wahre Kunst zu lieben.

Es gibt auch eine Tür mit der Aufschrift: *Meine Familie.* In diesem Raum erkenne ich, warum ich in dieser Familie bin. Welche Aufgabe ich dort habe und wie wir zueinander stehen. Aber auch, welche Rollen vielleicht schon hinter mir liegen, die ich loslassen sollte. Ich erfahre dort, was wir gemeinsam tun können und sollen.

Bei dieser Thematik geht es wieder darum, genau zu schauen, ob Sie *Ihr* Leben leben oder das der anderen. Familienbande sind stark und oft sehr subtil. Viele unserer meist unbewussten Konditionierungen und Muster haben wir schon in der Kindheit von unseren Familien übernommen. Welche Eltern wünschen sich nicht, dass »das Beste« aus ihren Kindern wird. Aber wer entscheidet, was dieses Beste ist? In den meisten Fällen haben die Kinder ganz andere Pläne für ihre Zukunft als die Eltern, und das kann bisweilen zu großen Konflikten führen. Dann geht es darum, zu erkennen, dass diese Schwierigkeiten ein großes Potenzial in sich bergen. Sie sind eine Chance, zu wachsen, wirklich erwachsen zu werden, die Verantwortung für das eigene Leben in die Hand zu nehmen und selbstbewusst ein eigenes Leben zu führen – in Liebe und Frieden mit den Nächsten.

Genau wie bei unseren Partnerschaften ist die Familie, in die wir hineingeboren sind, die ideale Familie für uns (auch wenn wir das oft nicht wahrhaben wollen). Sie ist ein optimales Lernparadies, in dem wir unsere Aufgaben bestmöglich erfüllen können. Im Bewusstseinsraum der Familie können Sie nachfragen, warum Sie gerade in diese Familie geboren wurden, ob alle Aufgaben dort erledigt sind oder ob es noch offene Themen gibt.

Nehmen Sie jetzt wieder Ihr Arbeitsheft und schreiben Sie dieses Mal als Überschrift: *Tür zu meiner Familie*. Dann notieren Sie Ihre Gedanken zu folgenden Fragen:

- Lebe ich mein Leben oder erfülle ich das Wunschbild meiner Eltern oder anderer Verwandten?
- Weiß ich überhaupt, wer ich wirklich bin?
- Was sind meine Ziele und Visionen, woran habe ich Freude?
- Welche Aufgaben erfülle ich in meiner Ursprungsfamilie?
- Und welche in meiner jetzigen Familie (sofern Sie in einer leben)?

Wenn es irgendetwas gibt, was Sie im Zusammenhang mit Ihrer Familie aus der Vergangenheit belastet, dann können Sie das loslassen (so wie wir das bei der ersten Tür besprochen haben). Befreien Sie sich von allen Altlasten. Es ist wirklich sehr erleichternd, alle traumatischen Erlebnisse der Vergangenheit loszulassen und – wenn Sie dazu in der Lage sind – den Beteiligten und sich selbst zu verzeihen. Vertrauen Sie der uralten Weisheit, dass jeder Mensch immer zur rechten Zeit am rechten Ort ist, um das für ihn Richtige und Beste zu tun.

Im Raum der Familie werden Sie auch erfahren, ob es noch etwas für Sie und Ihre Eltern, Geschwister, Onkel, Tanten und so weiter gemeinsam zu tun gibt.

Und wenn ja, dann besprechen Sie das am besten mit ihnen.

Fragen Sie sich auch:

- Gibt es irgendetwas, was ich meinem Vater/meiner Mutter oder einem anderen Familienmitglied schon lange einmal sagen wollte?

Wenn ja, dann tun Sie es. Es gibt keinen Grund, noch länger schweigend zu warten. Und wenn dieser Mensch nicht mehr in einem physischen Körper lebt, dann nehmen Sie mental Kontakt auf – sprechen Sie mit ihm oder schreiben Sie einen Brief. Sie werden spüren, wie wohltuend das ist.

So gibt es zu allen erdenklichen Bereichen des Lebens Türen, und ich weiß, dass ich noch oft hierherkomme, um immer mehr über mich zu erfahren. Um immer mehr ich selbst zu werden.

Nun haben Sie die meisten Türen und Themen kennengelernt (auch wenn etwas später noch drei weitere dazukommen). Ich empfehle Ihnen, immer wieder die einzelnen Bereiche für sich durchzugehen, in Ihrem Arbeitsheft Notizen zu machen und wirklich praktisch mit den Themen zu arbeiten. Es wird eine große Bereicherung für Ihr Leben sein, denn je mehr Sie klären und über sich erfahren, desto einfacher und schöner wird Ihr Alltag sein. Das Leben selbst ist unser bester

Lehrer. Wollen Sie Ihre Aufgaben und Visionen verwirklichen, müssen Sie aufwachen und Ihre wahre Identität erkennen, annehmen und leben.

Auf der nächsten Station unserer Fantasiereise führen wir noch einmal ein Reinigungsritual aus, um durch die Tür hindurchtreten zu können, hinter der die Lösung unseres jetzigen Problems liegt.

CD Track 5 Das Bad im Licht

In der Mitte der Halle hat es ein wunderschönes Bad, aber es ist nicht mit Wasser gefüllt, sondern es ist bis zum Rand gefüllt mit Licht.

Bevor ich durch eine der Türen gehen kann, muss ich zuerst in diesem wunderbaren Bad baden, denn ich kann nur gereinigt und geklärt in die dahinter liegenden Räume gelangen, sonst bleiben die Türen verschlossen.

So ziehe ich mich jetzt aus und steige behutsam in das Licht. Spüre, wie dieses Licht mich sogleich durchlichtet und erfüllt. Das Licht fließt durch jede Pore, strömt in jede Zelle, füllt mich ganz aus und spült alles heraus, was nicht mehr zu mir gehört. Ich erlebe, wie ich immer lichtvoller und leichter werde. Ich werde immer mehr Licht. Werde eins mit dem Licht. Ich bin eins mit dem Licht. Ich bin das Licht. Ich bin lichtvolles Bewusstsein.

Und als dieses Licht steige ich nun aus diesem wunderbaren Bad, schaue mich noch einmal um, um zu entscheiden, durch welche Tür ich gehe.

Wieder nehmen wir ein rituelles Bad – dieses Mal nicht in Wasser, sondern in reinem Licht, das jede Pore und Zelle erfüllt. Hier werden nun die letzten Reste unseres Alltags-Seins geklärt und gereinigt. Auf dieser Station unserer Reise badet nicht der physische Körper, sondern die ätherischen Ebenen unseres Wesens. Wir erkennen unser wahres Sein, unser Selbst, und sind lichtvolles Bewusstsein, absolut stimmig und bereit für die Antwort und Erkenntnis des Themas, das jetzt im Moment ansteht.

CD Track 6 Drei weitere Türen

Da hat es auch noch die Tür mit der Aufschrift: *Die Lösung meines jetzigen Problems.*
Und die Tür mit der Aufschrift: *Mein nächster Schritt.*
Oder die Tür: *Zum inneren Meister.*
Aber ich spüre, dass ich heute durch eine andere Tür gehen soll.

Noch einmal werden uns drei alternative Themen angeboten, die alle auf die Antwort dessen hindeuten, was jetzt wirklich ansteht. Und natürlich können auch diese als goldene Aufschrift »unserer« Tür erscheinen.

CD Track 7 Die Lösung der aktuellen Thematik

Da entdecke ich eine Tür mit einer goldenen Aufschrift.

Diese Aufschrift verändert sich von Mal zu Mal. Dort steht drauf, was ich jetzt aufsuchen sollte. Und ich erkenne, was jetzt auf dieser Tür steht, und bin bereit einzutreten.

Mit geklärtem Bewusstsein öffne ich jetzt die Tür und trete ein.

Schaue mich um, mache mir bewusst: Wie ist der Raum eingerichtet, was hat es für Gegenstände oder Personen dort, was fällt mir besonders auf?

Ich weiß, dass ich jetzt jede Hilfe hier erhalte, um optimal mit dieser Situation umzugehen.

Begegne ich dort einem Menschen? Spreche ich mit ihm oder er zu mir? Oder gibt er mir etwas?

Oder finde ich in dem Raum einen Gegenstand, der mir hilft?

Oder liegt dort ein Buch, in dem ich nachlesen kann?

Ganz gleich, was geschieht, ganz gleich, was ich vorfinde, ich nehme dankbar alles an. Ich bin aus tiefstem Herzen dankbar für diese Erfahrung.

Ich weiß, dass ich wieder einen Schritt machen durfte auf dem königlichen Weg der Erkenntnis, auf dem Weg zu mir selbst.

Wie auch immer die goldene Aufschrift dieser Tür lautet – hier ist Ihr heutiges Thema, das, was jetzt für Sie ansteht. Nehmen Sie es an, treten Sie ein und versuchen Sie nicht, die Aufschrift zu ändern – selbst wenn es eine andere ist, als Sie verstandesmäßig vor Beginn der Reise gewählt hatten.

Erkunden Sie den Raum hinter der Tür ganz genau, schauen Sie sich um und nehmen Sie alles wahr. Nehmen Sie vor allem alles an, was Ihnen dort begegnet. Farben, Gegenstände, Personen, Gerüche, Worte, Bilder, Gefühle. Seien Sie neugierig wie ein Kind und bewerten Sie nicht. Auch wenn das alles auf den ersten Blick nicht nach einer Antwort oder Lösung aussieht, kann Ihnen die Erklärung dafür später bewusst werden. Manchmal braucht es eine kleine Weile, bis wir die Sprache des Herzens entziffern können. Stellen Sie sich einfach vor, Sie wären im Kino und sähen einen Film, den Sie genießen und dem Sie sich ganz hingeben.

Ganz wichtig ist es, dass Sie sich möglichst gleich nach Ihrer Reiserückkehr (also nach Ende des Films) alles aufschreiben, was Sie erfahren und wahrgenommen haben, nämlich dann, wenn Sie von den Eindrücken noch ganz erfüllt sind und bevor Sie wieder im Tagesbewusstsein gelandet sind.

CD Track 8 Die Rückkehr

Langsam löse ich mich jetzt aus dieser Situation, erkenne, ich brauche diesen Ort gar nicht zu verlassen, denn die Halle des Lernens ist in mir. Ich selbst bin der lichtvolle Tempel, in dem Gott wohnt, mein wahres Selbst. Und so bleibe ich in diesem Bewusstsein, wer ich wirklich bin. Erkenne, dass ich alles in mir habe.

Erinnern Sie sich noch an meine Worte in der Einleitung? Als ich Ihnen das größte Geheimnis verraten habe? Hier ist es – die wichtigste Station und Erkenntnis Ihrer Reise ganz am Schluss: Sie brauchen diesen Ort gar nicht zu verlassen, denn die Halle des Lernens, der Raum der Erkenntnis, die Antwort auf alle Fragen, die Lösung eines jeden Problems ist in Ihnen. Sie selbst sind der lichtvolle Tempel, in dem Gott wohnt, Ihr wahres Selbst. Und so bleiben Sie in diesem Bewusstsein, wer Sie wirklich sind. Erkennen, dass Sie alles in sich haben. Zu jeder Zeit. Jetzt. Immer.

CD Track 9 Als Selbst im Hier und Jetzt

Und so löse ich mich jetzt behutsam aus dieser Erfahrung und kehre zurück ins Hier und Jetzt. Ich spüre meinen Körper und den Raum. Bin wieder ganz bewusst im Hier und Jetzt.

Wann immer ich bereit bin, öffne ich die Augen, gestatte meinem Körper, sich frei zu bewegen, aber bleibe in diesem Bewusstsein und bin ganz bewusst im Hier und Jetzt.

Aber ich bin hier als der, der ich wirklich bin – als ich selbst.

Am Ende der Reise angekommen, bin ich ICH SELBST und bleibe in diesem Bewusstsein. Auf diese grundlegende

Thematik werde ich zum Abschluss des Buches noch näher eingehen. Jetzt ist es an der Zeit, Ihnen zu zeigen, wie Sie die Meditation in Ihrem Alltag einsetzen können, um einen möglichst großen Nutzen daraus zu ziehen.

Die Meditation gezielt im Alltag nutzen

Um immer tiefere Erkenntnisse und Einsichten in Ihr Leben zu bekommen, empfehle ich Ihnen, die Meditation so oft wie möglich durchzuführen. Nehmen Sie dafür jedes Mal eine bequeme Position ein, am besten aufrecht sitzend oder liegend. Nutzen Sie die Übung immer dann, wenn Sie ein bestimmtes Anliegen haben, eine Frage, eine neue Herausforderung im Leben, wenn Sie eine bestimmte Entscheidung treffen oder einfach nur eine Standortbestimmung machen möchten – zum Beispiel: Was steht in der nächsten Zeit an? Wie kann ich das umsetzen? … Dies kann alle Bereiche Ihres Lebens umfassen, im materiellen, zwischenmenschlichen und seelisch-geistigen Gebiet, also wirklich alle Lebenslagen!

In jedem Fall empfehle ich Ihnen, sich neben dem Arbeitsbuch zum Beantworten der Fragen auch ein Reisetagebuch anzulegen. Hier können Sie alle Antworten und Erkenntnisse aufschreiben, die Sie erlangen, Türaufschriften und Themen notieren, Zeichnungen einfügen, Begegnungen, Emotionen und Gedanken festhalten. Aus eigener Erfahrung weiß ich, dass dies ein sehr nützliches Instrument ist – vor allem, weil man später darauf zurückgreifen kann.

Es gibt unterschiedliche Möglichkeiten, wie Sie mit der Fantasiereise arbeiten können: Sie führen die Meditation so durch, wie sie auf der CD zu hören ist. Das heißt, Sie nehmen eine bequeme Position ein und starten die CD. Das ist die einfachste Variante und für die ersten Male am hilfreichsten. Möglicherweise – oder sehr wahrscheinlich – wird dies aber bei einer häufigen Praxis etwas eintönig.

Deshalb haben wir den von mir gesprochenen Meditationsteil in neun Tracks eingeteilt. So können Sie sich Ihre eigene Meditationsform ganz nach Ihren Bedürfnissen und Wünschen zusammenstellen. Das bedeutet, dass Sie die Möglichkeit haben, mehrere Varianten mit unterschiedlichen Längen und Textteilen für sich auszuwählen und so zu kreieren, wie es für Sie am besten ist. Lassen Sie Ihren kreativen Impulsen freien Lauf!

Eigene Abfolgen

Technisch ist das Nutzen eigener Abfolgen ganz einfach: Programmieren Sie auf dem CD-Player jeweils die entsprechende Reihenfolge ein oder nehmen Sie diese als MP3-File auf. Für einen besseren Überblick hier noch einmal die einzelnen Reisestationen:

Track 1   Entspannung – Farbsymbolik – Reinigung
Track 2   Auf dem Gipfel – die sieben Stufen zur Halle
          des Lernens
Track 3   Der Innenraum

Wollen Sie Ihre eigenen Meditationen zusammenstellen, dann gibt es viele Variationsmöglichkeiten. Dabei rate ich Ihnen, immer mit Track 1, 2 und 3 zu beginnen. Wie Sie dann weiter verfahren, ist ganz Ihnen und Ihren jeweiligen Bedürfnissen überlassen. Hier zwei Beispiele, die ich Ihnen empfehle, wenn Sie eine aktuelle Thematik zu klären haben:

- 1 + 2 + 3 + 5 + 7 + 8 + 9 – zur Unterstützung bei einer Problemstellung,
- 1 + 2 + 3 + 5 + 7 + 10 + 8 + 9 – ebenfalls zur Unterstützung bei einer aktuellen Thematik, durch den Einschub des Musikstücks haben Sie mehr Zeit, das Thema in sich zu bewegen und sich die Lösung ein-fallen zu lassen.

Manchmal mag es auch genügen, einfach nur Track 1 und 2 zu hören, um sich des wahren Selbst wieder bewusst zu werden. Ebenso ist Track 10 – das reine Musikstück – dafür bestens geeignet. Und auch, wenn Sie sich einfach nur entspannen möchten und eine Auszeit brauchen, werden Sie die Klänge dabei unterstützen und begleiten. Machen Sie einfach Ihre eigenen Erfahrungen und wählen Sie die Reihenfolgen, die Ihren Bedürfnissen am besten entsprechen!

Das Reisetagebuch

Wenn Sie meinem Rat folgen und Ihre Notizen in einem Reisetagebuch festhalten wollen, dann empfehle ich Ihnen dafür folgendes Schema:

- Datum
- Aufschrift der Tür (mein Thema)
- Meine Erfahrungen während der Reise
- Antworten/Erkenntnisse/Lösungen
- Was davon werde ich wie umsetzen?
- Wann werde ich die Erkenntnisse umsetzen, bei welchen Gelegenheiten?
- Bis zu diesem Termin (geben Sie hier ein konkretes und vor allem realistisches Datum ein) habe ich mein Ziel erreicht

Zusammenfassung der praktischen Umsetzung

- Meditation zusammenstellen (oder die vorgegebene Grundform nutzen)
- Meditation durchführen
- Gleich im Anschluss im Tagebuch Notizen machen
- Erkenntnisse umsetzen

Es ist wichtig, dass Sie Ihren Erkenntnissen auch Taten folgen lassen. Was nützen die schönsten Bewusstseinsreisen und die interessantesten Lösungen, wenn sie verblassen und wieder vergessen werden? Es geht im Leben darum, zu handeln. Wie viele Menschen träumen von Dingen und Begebenheiten, haben tolle Visionen und Ziele, setzen diese aber nie in die Tat um? Das Geheimnis erfolgreicher und charismatischer Menschen ist es, zu handeln! Bestimmt kennen Sie den Spruch: Träume nicht dein Leben, sondern lebe deine Träume! Also, zögern Sie nicht länger – träumen Sie nicht, sondern beginnen Sie zu leben!

Das Umsetzen der Erkenntnisse

Sie haben die passende Lösung für ein Problem, die Antwort auf Ihre Frage während der Fantasiereise erhalten und sich alles notiert. Sie vertrauen darauf und sind sich sicher, dass es das Richtige ist. Nun kann es sinnvoll sein, den Verstand zu Wort kommen zu lassen – und darüber nachzudenken, wie die Lösung Schritt für Schritt in den Alltag integriert werden kann.

- Beginnen Sie damit, die Lösung noch einmal klar zu formulieren und aufzuschreiben.
- Dann überlegen Sie, welcher stimmige Weg zu dieser Lösung führt. Wie können Sie die Lösung umsetzen? Oft ist es dabei hilfreich, sich vorzustellen, welchen Weg Sie einem guten Freund empfehlen würden.

- Schreiben Sie die erforderlichen Schritte auf und nummerieren Sie sie durch.
- Stellen Sie sich das erwünschte Ergebnis vor – immer wieder und in aller Ausführlichkeit.
- Schreiben Sie ein Datum auf, bis wann Sie die Lösung erreicht haben wollen. Wählen Sie dabei ein realisierbares Datum und setzen Sie sich nicht unter Druck!
- Und dann beginnen Sie, Ihre Liste Schritt für Schritt »abzuarbeiten«. Lassen Sie sich dabei auf keinen Fall von motivationshemmenden Gedankenfallen an der Durchführung hindern. Lösen Sie sich davon und lassen Sie los!

Ein einfaches Beispiel aus der Praxis wird klarmachen, wie das funktioniert: Herr Müller war äußerst unzufrieden mit seiner Wohnsituation. Im Alter von achtunddreißig Jahren lebte er noch immer im Haus seiner Eltern. Dort hatte er zwar eine eigene kleine Einliegerwohnung, seine Mutter kümmerte sich jedoch um seine Wäsche und kochte auch jeden Abend für ihn. Das war zwar bequem und praktisch, es führte aber auch dazu, dass Herr Müller sich verpflichtet sah, den Eltern abends und am Wochenende Gesellschaft zu leisten. Und das war bestimmt nicht das Leben, das er sich vorgestellt hatte.

Durch eine Arbeitskollegin lernte er die Möglichkeit kennen, das Unterbewusstsein zum Lösen von Schwierigkeiten mit einzubeziehen, und begann, sein Leben zu klären. Sein Unterbewusstsein flüsterte ihm dabei immer wieder zu, dass es für ihn und auch für seine Eltern das Beste sei, wenn er ausziehen würde.

Er arbeitete sein Ziel aus: Ich ziehe aus der Einliegerwohnung aus und wohne in einer Zweizimmerwohnung im Nachbarort. Diese ist ruhig gelegen, hat einen kleinen Balkon und ein Tageslichtbad. Er überlegte genau, welchen Weg er wählen wollte, um sein Ziel zu erreichen. Dann machte er eine Liste mit folgenden Punkten:

- Im Immobilienteil der Zeitung und im Internet nach passenden Angeboten suchen,
- Kollegen und Freunde befragen, ob sie eine passende Wohnung wissen,
- am Samstagnachmittag mit den Eltern sprechen, ihnen liebevoll und bestimmt erklären, warum ich ausziehen muss,
- den Umzug planen (und dafür einen eigenen Plan ausarbeiten),
- am 1. Mai 2013 wohne ich in meiner neuen Wohnung.

Er hatte große Freude daran, sich auszumalen, wie die neue Wohnung aussehen würde und was er alles unternehmen könnte, wenn er endlich dort einziehen würde. Er stöberte in den Immobilienanzeigen und befragte Freunde und Bekannte, ob sie ihm etwas empfehlen könnten.

Der Samstagnachmittag jedoch bereitete ihm Kopfschmerzen. Immer wieder plagten ihn Gedanken wie

»Ich kann das nicht … Wie werden sie reagieren … Ich kann sie nicht so enttäuschen … Das bin ich ihnen doch schuldig …« Doch er ließ sich nicht von seinem Vorhaben abbringen, klärte immer wieder seinen Geist und ließ seine Schuldgefühle los. Und was glauben Sie, was an diesem Nachmittag beim üblichen Kaffee und Kuchen geschah? Frau Müller sagte: »Endlich!«, und Herr Müller senior nickte einfach nur. So wie Herr Müller junior es unbewusst in der Tiefe seines Herzens gewusst hatte: Sein Auszug war und ist für alle Beteiligten das Beste. Nun konnte er in Ruhe alle Punkte seiner Liste abarbeiten, den Umzug konkret planen. Heute lebt er glücklich in seiner neuen Wohnung. Er weiß nun: Probleme sind Aufgaben, die wir mit der richtigen Geisteshaltung lösen können.

Zusammenfassung

Es gibt drei Möglichkeiten, Antworten auf Fragen oder Lösungen auf die Herausforderungen des Lebens zu erhalten. Einmal durch unsere bereits gemachten Erfahrungen – wenn ich schon einmal in einer ähnlichen Situation war, kenne ich Lösungen, die funktionieren, oder auch nicht. Zum anderen durch Nachdenken – wir haben aber auch schon festgestellt, dass der Verstand nicht immer das beste Werkzeug ist. Und zum dritten durch unsere Intuition, unsere innere Wahrnehmung. Diese folgt nicht der Logik, sondern der Wirklichkeit und ist unabhängig von Raum und Zeit.

Während unserer geführten Meditation kommen wir mehr und mehr in den Alphazustand, der Verstand wird ausgeschaltet und wir haben Zugang zu dieser Art der Wahrnehmung. Der Sitz der Intuition ist die rechte Hemisphäre unseres Gehirns, während der logische Verstand in der linken sitzt. Erst in dem Maße, in dem ein Mensch gelernt hat, beide Hemisphären gleichzeitig und gleichberechtigt zu nutzen, weiß er Intuition nicht nur zu gebrauchen, er kann sie auch zum Ausdruck bringen. Wir können intuitives Wissen daher als ein direktes und unmittelbares Erfassen der Wahrheit und Wirklichkeit definieren, das unabhängig vom bewussten Verstand und dem Denken erfolgt. Es ist ein energetisches und holistisches Wissen beziehungsweise Wahrnehmen und führt zu einem unmittelbaren Verstehen, das in seiner Reichweite absolut umfassend ist, da es direkt mit dem morphogenetischen Informationsfeld des Allbewusstseins verbunden ist.

Eine »richtige« Entscheidung kann man nur mit der Intuition treffen, und solche Entscheidungen stimmen auch in der Zukunft für alle Beteiligten. Und glauben Sie meiner Erfahrung: Intuition kann man trainieren. Wie schon anfangs gesagt, Übung macht den Meister. Und je öfter Sie sich auf unsere gemeinsame Meditationsreise begeben, desto leichter wird es Ihnen fallen, Ihrer Intuition zu vertrauen.

Immer wenn Sie eine Antwort oder Lösung aus Ihrem Unterbewusstsein brauchen, können Sie sich auf die Reise machen (entweder so, wie sie auf der CD zu finden ist, oder so, wie Sie sich diese selbst zusammengestellt haben). Machen Sie sich klar, dass die richtigen Entscheidungen, Ideen, Antworten, Lösungen bereits existieren und schon auf Sie warten. Ihr Unterbewusstsein ist ein Reservoir all dessen, was Sie jemals brauchen oder suchen könnten. Antworten und Lösungen gibt es dort im Überfluss, sie warten alle nur auf Sie. Dort gibt es keinen Druck – entspannen Sie sich also in dem Vertrauen, dass Sie ungeheure Reichtümer in sich tragen. Die passende Antwort wird zu Ihnen kommen – in welcher Form auch immer. Ein Bewusstsein, das im Glauben daran schwingt, dass die richtige Lösung auf natürliche Weise zu ihm kommen wird, zieht diese Lösung auch an. Es ist so einfach!

Mit diesem Wissen in sich werden Sie alle Herausforderungen des Lebens annehmen und lösen. Dann können Sie Ihr geistiges Erbe antreten und die Fülle des Lebens in Besitz nehmen.

Die Welt zu sehn im Korn aus Sand
Das Firmament im Blumenbunde
Unendlichkeit halt' in der Hand
Und Ewigkeit in einer Stunde.

WILLIAM BLAKE
Aus »Weissagungen der Unschuld«

Ausblick

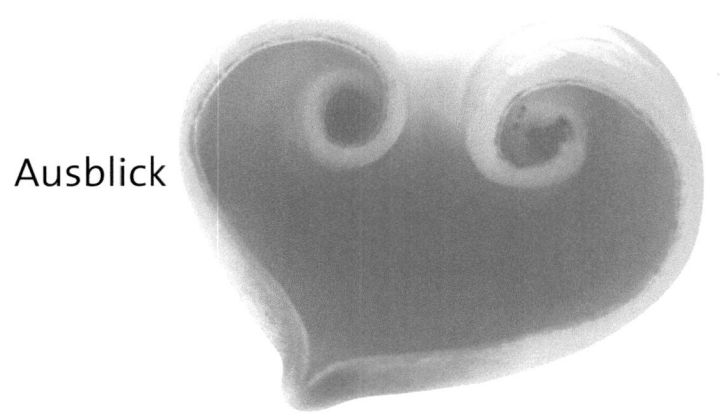

Liebe Leserin, lieber Leser!

Zum Abschluss unserer gemeinsamen Reise sage ich ein herzliches Dankeschön. Danke, dass Sie mit mir gereist sind, dass Sie sich darauf eingelassen haben und mir Ihr Vertrauen geschenkt haben. Ich bin sicher, dass Sie durch Ihr nachhaltiges Vollziehen der einzelnen Stationen und das Erleben der Erkenntnisse aus der Tiefe Ihres Seins ganz in Ihr wahres Selbst eintauchen.

Es ist egal, wo man ist und was man tut, es ist auch egal, wer man zu sein glaubt – jedem Menschen wohnt eine Sehnsucht inne, die ihn auf den Weg bringt. So wie Sie macht sich jeder irgendwann einmal auf zu seinem wahren Selbst. Der Weg liegt in einem selbst, und das Tor geht nach innen auf.

Viele Menschen glauben, dass es in unserer hektischen Zeit mit ihren vielfältigen Anforderungen und Verpflichtungen gar nicht möglich sei – oder zumindest sehr schwer –, diesen Weg zu gehen. Sie sind der Meinung, das tägliche Leben würde die geistige Entfaltung behindern, aber in Wirklichkeit ist es genau umgekehrt. Sobald man sich auf den Weg gemacht hat, werden sich neue Fähigkeiten und unbekannte Kräfte erschließen. Das Leben wird einem Möglichkeiten bieten, von denen man bisher nicht einmal zu träumen wagte. Durch die Weisheit der inneren Wahrnehmung tun sich Erkenntnisse auf, die letztendlich für jeden Beteiligten auf allen

Ebenen stimmig sind und gut in den Alltag integriert werden können – so, wie Sie es selbst erfahren haben, denn jetzt wissen Sie, dass Sie die Antworten auf alle Fragen in sich selbst tragen.

Der weglose Weg

Der richtige Platz für Ihren geistigen Weg ist immer dort, wo Sie gerade stehen – und nur von dort aus können Sie den nächsten Schritt machen. Und dabei müssen Sie sich gar nicht darum sorgen, ob Sie weiterkommen, sondern brauchen nur dankbar annehmen, was das Leben Ihnen schenkt. Sie brauchen nur die Chancen nutzen, die es Ihnen bietet.

Als Sie dieses Buch hier kauften, hat Ihnen das Leben eine neue Chance geschenkt – nämlich die Möglichkeit, zu erkennen, dass alle Antworten auf Ihre Fragen bereits in Ihnen angelegt und damit schon gelöst sind. Die angeleitete Meditation auf der CD hat Ihnen dabei geholfen, diesen Lösungen in Ihrem Innersten näher zu kommen. Sie ist dabei reines Mittel zum Zweck und führt Sie – je öfter Sie die Meditation durchführen – immer mehr zu Ihrem Kern, Ihrem wahren Sein, zum ICH-BIN-Bewusstsein. Dies hilft Ihnen, sich zu erinnern, dass Sie eins sind mit diesem höchsten Bewusstsein, immer schon da und nie getrennt. In dieser Einheit sind Sie auch eins mit den »Informationen des Allbewusstseins«. Alle Informationen des Universums stehen Ihnen zur Verfügung, und Sie erkennen die Antwort auf jede Frage, die Lösung eines jeden Problems. Absolute Fülle umgibt Sie – Fülle an Informationen, Wissen, Erkenntnissen.

Irgendwann wird es deshalb nicht mehr nötig sein, dass Sie diese Meditation durchführen, denn Sie werden den Zustand des ICH-BIN-Bewusstseins nicht mehr verlassen. Sie erkennen: Leben heißt in Wirklichkeit, sich mehr und mehr zu er-innern, um ganz präsent zu sein. In diesem Bewusstsein wissen Sie: Da ist kein Körper, kein Gemüt, kein Gedanke, nur Wahrnehmung und Geschehenlassen. Indem Sie Ihre Identität loslassen, werden Sie nicht weniger, sondern mehr – und damit zum Segen für alles und jeden.

Sie stehen in ständigem Kontakt zu Ihrer Intuition und erleben sich als sich selbst. So werden Körper und Persönlichkeit immer mehr ein vollkommener Ausdruck dessen, der Sie wirklich sind.

Es gibt keine Fragen mehr, sondern nur noch Antworten, und irgendwann werden auch diese verschwinden. Sobald man auf dem Weg ist, wird alles, was einem zuvor erstrebenswert und wichtig erschien, unwichtig. Es löst sich auf. Alle Wege führen ans Ziel – nämlich zu der Erkenntnis: Ich hätte mich erst gar nicht auf den Weg zu machen brauchen. Welchen Schritt ich auch gehe, ich entferne mich immer von mir selbst, von meinem Selbst. Sobald ich zurückkehre, erkenne ich die Illusion aller Wege. Aber ich musste mich auf den Weg machen, um diese Illusion zu erkennen. Vielleicht ist das einzige Ziel meiner Reisen, dass ich erkenne: Jeder Weg führt mich weg vom Ziel. Denn ich bin die ganze Zeit am Ziel. Dann kann ich mich, so gesehen, auf jeden Weg einlassen. Denn zu dieser Ent-täuschung führt jeder Weg …

Bestimmt kennen Sie den Spruch: Der Weg ist das Ziel! Denn letztendlich gibt es kein Ziel mehr, und irgendwann wird es auch keinen Weg mehr geben. Für das letzte Stück brauchen wir keinen Weg mehr. Dieser »Weg« des Nichtweges ist, zu erkennen: Das alles ist unwirklich.

Scheinbar entsteht ein Weg durch das Fließen des Seins und die vermeintliche Veränderung des ewig Unveränderlichen, das jede Form annehmen kann. Dieser scheinbare Weg verläuft nicht linear, sondern geht vom Mittelpunkt meines Seins aus. Ich erkenne meine Mitte, erfahre meine Grenzen und gehe über sie hinaus. Mein Körper, mein Bewusstsein, meine Vorstellung, das Universum … Wenn ich eine Grenze überschritten habe, erkenne ich, es war nie eine Grenze da. Ich war immer grenzenlos. Ich kann natürlich auch einfach durch die Tür des Augenblicks in die Ewigkeit des Jetzt eintreten und bin am ziellosen Ziel.

Erkennen Sie: Sie müssen nicht mehr losziehen, Sie sind schon da. Unsere gemeinsame Reise diente lediglich der Erkenntnis, dass wir schon angekommen waren, bevor wir loszogen. Und aus ICH BIN wird reines ICH, Glückseligkeit, absolutes Sein. Ohne Fragen oder Probleme, ohne Antworten oder Lösungen, ohne Weg und Ziel.

In diesem Sinne gebe ich Ihnen abschließend einen Koan, eine Art Rätsel, das die Grenzen des logischen Denkens durchbricht, mit auf Ihren weglosen Weg.

Um anzukommen, wo du schon immer warst,
musst du dich auf den Weg machen, den es nicht gibt.
Und das Einzige, das du sicher wissen kannst,
ist, dass du nichts weißt.
Wo du glaubst zu sein, da bist du nicht,
und was du besitzt, gehört dir nicht.
Was du siehst, gibt es in Wirklichkeit gar nicht,
sonst könntest du es ja nicht sehen.
Alles, was wirklich ist, ist nicht sichtbar.
Erst wenn du angekommen bist, wirst du erkennen,
dass du nie fort warst.

Ihr
Kurt Tepperwein

Geschichten, um sich zu er-innern

Für den Fall, dass Sie doch einmal von Ihrem einzigartigen weglosen Weg abkommen und sich im Dickicht des Alltags verirren, erzähle ich Ihnen im Folgenden sieben kurze Geschichten, die Sie an Ihr Selbst erinnern und wieder in die spurlose Spur Ihres wahren Seins zurückbringen werden.

Wählen Sie für den Fall der Fälle eine der Geschichten aus – entweder indem Sie die entsprechende Seite intuitiv aufschlagen oder ganz bewusst eine aussuchen. Lesen Sie sie in Ruhe durch und beziehen Sie sie dann auf Ihre momentane Situation. Gehen Sie mit der Geschichte in die Stille, lassen Sie sie wirken und fragen Sie sich:

- Wie hilft mir diese Geschichte jetzt?
- Wo findet sich die Antwort für meine Situation?
- Welche Schlüsse kann ich daraus ziehen?

Lauschen Sie nach innen und seien Sie sicher, dass Sie dort die Antwort und Lösung für die Situation finden werden – oder besser gesagt: dass die Antwort und Lösung Sie finden wird! Und wenn das nicht augenblicklich geschieht, dann haben Sie ein wenig Geduld. Nehmen Sie die Geschichte mit in Ihren Tag. Sie brauchen dann nur noch achtsam zu sein, und die Lösung wird sich Ihnen zeigen.

Für mich sind diese Geschichten und Gleichnisse wunderbare Werkzeuge und Lehrstücke, denn sie haben die Fähigkeit, neue Räume zu öffnen. Oft gekoppelt mit einem Schmunzeln oder dem berühmten Aha-Effekt, zeigen sie auf, dass wesentlich mehr möglich ist als das, was sich unser beschränkter Verstand vorstellen kann. Es sind Geschichten mit metaphorischer Bedeutung, die über ihre Bildersprache direkt auf unser Unterbewusstsein wirken und zeigen: Alles ist möglich! Du warst schon immer da, wo du hin willst! Alles ist in dir! Es gibt nichts zu suchen, denn du hast schon gefunden! Du bist der wahre Meister deines Seins! Die Lösung liegt in dir! Liebe und Mitgefühl sind die Schlüssel für alles, was ist! Du kannst entspannen, musst nichts tun – sein ist genug! Sorge dich nicht darum, weiterzukommen, sondern nimm dankbar an, was das Leben dir schenkt! …

Ich habe im Laufe der Jahre viele solcher Geschichten gesammelt und sie in den unterschiedlichsten Formen in Seminaren und Büchern wiedergegeben. Sie wurden mir erzählt oder ich habe sie irgendwo gelesen – oft im Internet – und so kann ich die genauen Quellen nicht mehr angeben. Ich bitte diesbezüglich um Ihre Nachsicht und hoffe, dass Sie sich an den Geschichten erfreuen und dass sie Ihnen viele Einsichten gewähren werden.

Eine der wichtigsten Weisheiten ist wohl die Erkenntnis, dass wir bereits da sind, wo wir hinwollen. Wir sind bereits angekommen und können unser absolutes Sein genießen.

Über Wasser gehen

Ein Mann wollte lernen, über Wasser zu gehen. Er saß am Ufer, meditierte und rezitierte dabei ein Mantra. Ein Meister am anderen Ufer hörte dies und fand, dass er das ganz falsch mache. Um den Mann zu helfen, ruderte der Meister ans andere Ufer und sagte: »Du rezitierst das ganz falsch!« Aber der Mann reagierte nicht. So ruderte der Meister wieder zurück.

Nach einer Weile beendete der Mann seine Rezitation, lief über das Wasser zu dem Meister und sagte: »Entschuldige, aber ich war eben ganz vertieft. Was habe ich falsch gemacht?«

Das Märchen von der größten Kraft im Universum

Ein altes Märchen erzählt von den Göttern, die zu entscheiden hatten, wo sie die größte Kraft im Universum verstecken sollten, damit sie der Mensch nicht finden könne, bevor er dazu reif sei, sie verantwortungsbewusst zu gebrauchen.

Ein Gott schlug vor, sie auf der Spitze des höchsten Berges zu verbergen, aber sie erkannten, dass der Mensch den höchsten Berg ersteigen und die größte Kraft des Universums finden würde, bevor er reif wäre.

Ein anderer Gott sagte: »Lasst uns diese Kraft auf dem Grund des Meeres verstecken.« Aber wieder erkannten sie, dass der Mensch auch diese Region erforschen und die größte Kraft des Universums finden würde, bevor er reif wäre.

Schließlich sagte der weiseste Gott: »Lasst uns die größte Kraft des Universums im Menschen selbst verstecken. Er wird niemals dort danach suchen, bevor er reif genug ist, den Weg nach innen zu gehen.«

Und so versteckten die Götter die größte Kraft des Universums im Menschen selbst, und dort ist sie noch immer und wartet darauf, dass wir sie in Besitz nehmen und weisen Gebrauch von ihr machen.

Zwei Spuren

Ein Mann, dessen Leben beendet war, erschien vor Gott. Und Gott blickte auf das Leben des Mannes zurück und zeigte ihm die vielen Lektionen, die er gelernt hatte. Als er fertig war, sagte er: »Mein Sohn, möchtest du etwas fragen?«

Und der Mann antwortete: »Während Du mir mein Leben zeigtest, fiel mir auf, dass da in guten Zeiten immer zwei paar Fußspuren waren, und ich wusste, dass Du neben mir gingst. In schlechten Zeiten aber war da nur eine Fußspur. Mein Vater, warum hast Du mich in schwierigen Zeiten verlassen?«

Und Gott antwortete: »Du verstehst es falsch, mein Sohn. Es ist wahr, dass ich in guten Zeiten neben dir ging und dir den Weg zeigte. In den schwierigen aber, da habe ich dich getragen!«

Die Wasserträgerin

Tag für Tag ging eine alte Frau zum Brunnen, um Wasser zu holen. Dabei trug sie eine Stange über ihren Schultern, an der rechts und links jeweils eine große Schale hing. Der Weg war weit und beschwerlich, doch sie ging ihn, ohne sich zu beklagen. Jeden Tag schöpfte sie das Wasser aus dem Brunnen und machte sich auf den Heimweg – doch eine der Schalen hatte einen Sprung, und auf dem weiten Weg nach Hause war diese am Schluss jedes Mal nur noch zu einem Drittel gefüllt. Dieser Schale war das peinlich, sie grämte sich und schämte sich für ihren Makel.

Eines Tages hielt sie die Schuldgefühle nicht mehr aus und sprach zu der alten Frau: »Bitte entschuldige, dass ich kaputt bin. Jeden Tag quälst du dich, um den weiten Weg zu gehen und Wasser zu holen, und ich bin einfach nicht in der Lage, das Wasser in mir aufzubewahren.«

Da erwiderte die Alte mit mildem Blick: »Gräme dich nicht. Es ist gut, so wie es ist. Du bist gut, so wie du bist. Hast du nicht bemerkt, dass ich im Frühling auf deiner Seite des Weges Samen ausgestreut habe und dass dort jetzt die wunderschönsten Blumen wachsen? Du bist diejenige, die sie gießt – nur durch dein Wasser können sie gedeihen und mich durch ihren Anblick erfreuen. Ich danke dir dafür!«

Die Hummel

Wer sagt »Ich kann nicht!«, setzt sich selbst Grenzen. Denken Sie an die Hummel. Die Hummel hat 0,7 Quadratzentimeter Flügelfläche bei 1,2 Gramm Gewicht. Nach den bekannten Gesetzen der Aerodynamik ist es unmöglich, bei diesem Verhältnis zu fliegen.

Die Hummel weiß das aber nicht und fliegt einfach!

Der weise Richter

Es war einmal ein Rabbi, ein weiser Mann, der wurde Richter. Seine erste Gerichtsverhandlung verlief folgendermaßen: Zuerst durfte der Kläger sprechen. Der schilderte die Situation, und der Rabbi sagte: »Du hast recht!«

Danach kam der Beklagte an die Reihe, schilderte seine Situation und der Rabbi sagte: »Du hast recht!«

»Moment«, sagte der Kläger, »das geht nicht. Eben haben Sie gesagt, ich habe recht, und jetzt sagen Sie, der andere hat recht.«

»Ja«, sagte der Rabbi, »jetzt haben Sie wieder recht.«

Der wahre Meister

Einst lebten in einer Stadt drei große Meister des spirituellen Weges. Eines Tages beschlossen sie herauszufinden, welcher von ihnen der höchste, der wahre Meister sei. Also zogen sie in ihren besten Gewändern – gefolgt von einer großen Menschenmenge – hinaus vor die Stadt. Denn sie hatten die alte Kunst des Bogenschießens gewählt, um den Besten unter sich herauszufinden.

Als sie vor das Stadttor traten, sahen sie, dass drei Kraniche über ihnen am Himmel dahinzogen. Der erste der drei Meister spannte seinen Bogen, schloss die Augen und schoss seinen Pfeil ab. Durchbohrt stürzte einer der Kraniche vom Himmel. Die beiden anderen Meister verneigten sich, und das Volk jubelte.

Da nahm der zweite Meister seinen Bogen. Doch er legte keinen Pfeil an, sondern ließ nur die Sehne des Bogens schnellen, und der zweite Kranich fiel tot vom Himmel. Wieder verneigten sich die beiden anderen Meister, und das Volk murmelte ehrfürchtig.

Der dritte Meister warf seinen Bogen von sich, blickte kurz in den Himmel, und da stürzte der dritte Kranich herab. Das Volk wich erschrocken zurück vor solcher Macht. Die beiden anderen Meister verneigten sich tief, denn sie hatten den höchsten unter sich gefunden.

In diesem Augenblick kam ein Fremder des Weges, in einfachen, von der Reise staubigen Kleidern. Auch er war ein Meister, machte aber kein Aufhebens davon. Er beachtete die Menschenmenge nicht, sondern trat zu

den drei toten Kranichen, die nebeneinander am Weg-
rand lagen. Als er sie mit tiefem Mitgefühl anblickte,
erwachten die Vögel wieder zum Leben und erhoben sich
in den Himmel.

Über den Autor

Kurt Tepperwein, Jahrgang 1932, war erfolgreicher Unternehmer und langjähriger Unternehmensberater. 1973 zog er sich vom Wirtschaftsleben zurück und wurde Heilpraktiker und Bewusstseinsforscher, speziell auf dem Gebiet der wahren Ursachen von Krankheit und Leid.

In seiner Naturheilpraxis hielt er für seine Patienten Seminare ab – überwiegend über den Sinn des Lebens und die Hintergründe von Erkrankungen. Seit 1997 ist Kurt Tepperwein Dozent an der Internationalen Akademie der Wissenschaften. Er leitet weltweit Seminare, wobei er nicht nur unterrichtet, sondern auch Land und Leute und die verschiedenen Kulturen und Philosophien studiert. Jeder, der ihm begegnet, wird ihm zum Lehrer, doch sein größter Lehrer ist das Leben selbst.

Die Anwendung des von ihm geschaffenen Mental-, Intuitions- und Kausal-Trainings ist heute für unzählige Menschen ein unverzichtbarer Teil ihres Lebens geworden. Sein umfassendes Wissen hat er in zahlreichen Büchern, Videos, Audiotapes und CDs veröffentlicht.

Seit einigen Jahren lebt Kurt Tepperwein auch auf Teneriffa.

Literaturempfehlungen

AESCHBACHER, FELIX: HerzMomente aus der Inneren Quelle, Sheema Medien Verlag 2010

HAWKINS, DR. DAVID R.: Hingabe an Gott. Der mystische Weg aus der Dualität, Sheema Medien Verlag, 2009

–: Erleuchtung ist möglich. Wie man die Ebenen des Bewusstseins durchschreitet, Sheema Medien Verlag, 2008

LANGHOLF, MARKUS: Lebenskunst Loslassen, Teil I und Teil II, Hörbuch, Sheema Medien Verlag 2009/2011

–: Releasing. Freiheit durch Loslassen, Sheema Medien Verlag 2008

–: Der Pfad des Lebendigen Geistes. Loslassen, Sheema Medien Verlag 2007

TEPPERWEIN, KURT: Gelebte Achtsamkeit, Heyne, 2010

–: Leben wie die Götter. Acht Himalaya-Übungen für ein gesundes Leben, Kösel, 2010

–: Glücklich – heute, morgen und für immer, mvg 2009

–: Loslassen, was nicht glücklich macht, MVG, 2005

–: Die Geistigen Gesetze, Arkana, 2002

TREESS, SABINE: Dem Ruf der Seele folgen, Sheema Medien Verlag, 2011

WILD, DIETRICH: Der Tigerbericht, Sheema Medien Verlag, 2005

Produkte zum Wohlfühlen
Ausbildungen zum Durchstarten
DVDs zur Innenbildung
CDs zum Entspannen

Ihr Ansprechpartner
für alle Lebensbereiche!

„Unsere Herzens-Aufgabe
ist die Bewusstseinsentfaltung."

E-Mail: go@iadw.com
❖ www.iadw.com ❖

❖ Tepperwein-Heimlehrgänge
❖ Tepperwein-Kompaktlehrgänge
❖ Tepperwein-Ausbildungen

❖ Bücher
❖ CDs und DVDs
❖ Geschenksartikel
❖ Gesundheitsboutique

Internationale Akademie der Wissenschaften Anstalt
Postfach 1628, FL-9490 Vaduz
Tel: +423 233 12 12 / Fax: +423 233 12 14

Im Buchhandel und Internet finden Sie stets brand-
aktuelle Themen, sowie zeitlose Wissensschätze von
Kurt Tepperwein!

Folgende Bücher und E-Books können Sie direkt über den BoD-Verlag
(www.bod.de/www.bod.ch) detailliert einsehen, bevor Sie sich für Ihr
Wunschthema entscheiden:

- **Ab heute bin ich frei!**
- **Bäume ausreißen! – Trainingsheft für mehr Motivation**
- **Berufskrise ade! – Frei sein von Arbeitssucht, Stress, Burn-
  out, Mobbing, Innerer Kündigung und Arbeitslosigkeit
  Bewusstseinssprung in eine neue Dimension**
- **Blinddate mit Magen und Darm**
- **Bring Farbe in dein Leben mit Dankbarkeit**
- **Bring Farbe in dein Leben mit einem einfachen Lächeln**
- **Bring Farbe in dein Leben mit Heiterkeit**
- **Bring Farbe in dein Leben mit Herzensfülle**
- **Bring Farbe in dein Leben mit Hingabe pur**
- **Bring Farbe in dein Leben mit Liebesweisheit**
- **Bring Farbe in dein Leben mit Seelenkraft**
- **Bring Farbe in dein Leben mit Stille in dir**
- **Bring Farbe in dein Leben mit Wertschätzung**
- **Bring Farbe in dein Leben mit Zeitlosigkeit**
- **Das Buch der Erfolgsgesetze**
- **Die hohe Schule des Lebens**
- **Die Kunst mühelosen Lernens**
- **Die Praxis der geistigen Gesetze**
- **Die Renaissance der Frauenpower – 7 Schritte zur Liebesfähigkeit**
- **Du bist wie du bist!**
- **Ein Leben ohne Ängste und Sorgen? – Trainingsheft für mehr
  Lebensqualität**
- **Einfach nur schön**
- **Endlich wieder FIT! – Trainingsheft zur Gesunderhaltung**
- **Erwachen zum wahren Sein**
- **Folge deinem Leitstern**
- **Frau sein – ganz sein, Mentaltraining für eine neue Weiblichkeit**
- **Geistheilung durch sich selbst**
- **Gelassenheit**
- **Gelebte Achtsamkeit**